物业设备设施的运行和维护管理

杨立伟 著

吉林科学技术出版社

图书在版编目（CIP）数据

物业设备设施的运行和维护管理 / 杨立伟著．-- 长
春：吉林科学技术出版社，2023.6
ISBN 978-7-5744-0679-7

Ⅰ．①物… Ⅱ．①杨… Ⅲ．①物业管理－设备管理
Ⅳ．① F293.33
中国国家版本馆 CIP 数据核字（2023）第 136473 号

物业设备设施的运行和维护管理

著	杨立伟
出 版 人	宛　霞
责任编辑	孔彩虹
封面设计	树人教育
制　版	树人教育
幅面尺寸	185mm×260mm
开　本	16
字　数	250 千字
印　张	11.25
印　数	1–1500 册
版　次	2023年6月第1版
印　次	2024年2月第1次印刷

出　版	吉林科学技术出版社
发　行	吉林科学技术出版社
地　址	长春市福祉大路5788号
邮　编	130118
发行部电话/传真	0431-81629529 81629530 81629531
	81629532 81629533 81629534
储运部电话	0431-86059116
编辑部电话	0431-81629518
印　刷	三河市嵩川印刷有限公司

书　号	ISBN 978-7-5744-0679-7
定　价	70.00元

前　言

随着经济水平的不断提升，人们开始追求生活、工作场所的品质，在这种形势下，因为物业设施设备管理对于人们生活质量的影响，其价值也日益凸显，开始受到人们的关注。物业设施设备管理水平直接影响着房屋的居住水平，影响着人们的生产和生活质量，因此做好设施设备管理工作具有重要意义。

物业设施设备主要包括电梯、消防设施、供暖与锅炉、中央空调、给排水系统以及强电设备等，是整个物业的重要组成部分，也是维持业主正常工作、生活、学习的重要保证。物业管理行业是房地产业发展和住房制度改革的必定产物。大家对于生活居住条件、物业管理都给出了更高要求，房子的日常维护整修等工作标准由专门物业管理公司进行。物业管理设施是物业管理不可或缺的重要构成部分，物业管理设施设备管理都是物业管理服务中的一项工作核心，物业管理设施是促进物业管理运行作用和物业意义的物质基础技术。物业管理服务真正的具体内容就是对物业管理设施的保养和维护。确保和增加物业使用价值的前提条件便是确保物业设施的保养和维护。

因此，本书主要从物业设备设施的运行和维护管理两方面，对物业设施设备管理进行阐述，希望能够为有需要的读者提供借鉴。

目　录

第一章　物业设备设施管理基础

物业设备设施是物业内部附属的相关的各类市政公用设施的总称，保证着物业各项使用功能的实现，为业主的工作和生活营造出特定的物业环境。高质量的物业设备设施管理是提高物业环境品质的关键。所以本章讲述了物业设备设施管理基础。

第一节　物业设备设施管理概述

伴随着我国物业管理市场化、专业化进程的推进，越来越多的物业服务企业认识到物业设备设施管理的重要性，越来越多的物业所有人及使用人认识到物业资产的保值、增值和优秀服务品质的获得，离不开设施设备的支撑，离不开专业化的设备设施管理。

一、物业设备设施管理的概念

1.物业设备设施

物业是指已建成的具有特定使用功能，并且投入使用的各类房屋、建筑物以及与之相配套的设备、设施和附属场地等。

物业设备设施是建筑物附属设备设施的简称，包括室内设备与物业管辖范围内的室外设备与设施系统。它是构成物业实体的重要组成部分，是物业运作的物质和技术基础。我国城镇建筑的设备设施一般由给水、排水，供配电、照明，燃气供应、供暖、通风、空气调节、消防、电梯、通信网络以及智能化系统等设备设施组成。这些设备构成了物业设备的主体，是物业全面管理与服务的有机组成部分。一般来说建筑物等级越高，技术含量也会越高，其功能也会更加完善，承担以上功能的设备设施系统也就越复杂。

2.物业设备设施管理

国际物业设施管理协会对物业设备设施管理的定义是"以保持业务空间高品质的生活和提高投资效益为目的，以最新的技术对人类有效的生活环境进行规划、整备和维护管理的工作"。它"将物质的工作场所与人和机构的工作任务结合起来，综合了工商管理、建筑、行为科学和工程技术的基本原理"。

（1）IFMA认为FM的主要业务有：

1）物业的长期规划。

2）物业管理的年度计划。

3）物业的财务预测和预算。

4）不动产的获得及其处理。

5）物业规划、业务房间装修标准的设定，机器、器具和备品的设置以及房间管理。

6）建筑和设备的规划和设计。

7）新建筑或原建筑的改造更新。

8）维护管理和运行管理。

9）物业的支援机能和服务。

物业设备设施管理又称物业设备设施维护与管理，是以设备设施的一生（寿命周期，包括规划、购置、安装、调试、使用、维护、修理、改造、更新到报废）为对象，以提高设备设施综合效率、追求寿命周期费用经济性和实现物业管理企业生产经营目标为目的，运用现代科学技术、管理理论和管理方法对设备设施寿命周期的全过程，从技术、经济、管理等方面进行综合研究和管理。

（2）物业设备设施管理的要素。

从物业设备设施管理的定义可知，物业设备设施管理应从技术、经济和管理经营三个要素以及三者之间的关系来考虑。

1）技术层面。技术层面是对设备设施硬件进行的技术处理，是从物的角度进行的管理控制活动。其主要组成因素有设备设施诊断技术和状态监测、维修设备设施保养、大修、改造技术。

2）经济层面。经济层面是对设备设施运行的经济价值的考虑，是从费用的角度进行的管理控制活动。其主要组成因素有：设备设施规划、投资和购置分析；设备设施能源成本分析；设备设施大修、改造、更新的经济分析；设备设施折旧。其要点是设备设施寿命周期经济费用的评价。

3）管理经营层面。管理经营层面是从管理软件的措施方面控制，是从人的角度进行的管理控制活动，其主要组成因素有设备设施规划购置管理系统；设备设施使用维修系统；设备设施信息管理系统。其要点是建立设备设施寿命周期的信息管理系统。

二、物业设备设施管理的目标

科学的物业设备设施管理，是对设备设施从购置、安装、使用、维护保养、检查修理、更新改造直至报废的整个过程进行技术管理和经济管理，使设备设施始终可靠、安全、经济地运行，给人们的生活和工作创造舒适、方便、安全、快捷的环境，体现物业的使用价值和经济效益。物业设备设施管理的根本目标是用好、管好、维护好、检修好、改造好现有设备设施，提高设备设施的利用率和完好率。

设备技术性能的发挥、使用寿命的长短，很大程度上取决于设备的管理质量，一般用设备的有效利用率和设备的完好率来衡量物业设备管理的质量。

对于评定为不完好的设备，应针对问题进行整改，经过维护、修理，使设备恢复到完好状态。对于经过维修仍无法达到完好的设备，应加以技术改造或做报废处理。

三、物业设施设备管理的特点

实现设备设施全过程管理，就是要加强全过程中各环节之间的横向协调，克服设备设施制造单位和使用单位之间的脱节，提高设备设施的可靠性、维修性、经济性，为设备设施管理取得最佳综合效率创造条件。其主要特点如下。

（1）把物业设备设施的寿命周期作为研究对象，其中，寿命周期费用是评价设备设施管理的主要经济指标。

（2）突破传统做法，对物业设备设施进行工程技术、组织和财务经济等方面的综合管理。

（3）强调物业设备设施的可靠性和维修性设计。

（4）引入系统论观点来研究物业设备设施的管理。

（5）重视设计、使用、维修中技术经济信息反馈的管理。

第二节　物业设备设施管理基础理论

一、设备设施的 LCC 理论

1.LCC 理论

寿命周期费用（Life Cycle Cost，LCC）也称为全寿命周期成本，是指设备从规划、设计、制造、安装、运行、维护、维修、改造、更新，直至报废的全过程需要投入的人力、物力、财力的价值量度。LCC 理论是评价现代设备管理的主要经济指标之一，在物业管理实践中广泛应用在方案的比较和选择、根据设备利润收入测算投资回收期等方面。

2. 设施设备的寿命

设备的寿命包括自然寿命、技术寿命和经济寿命。

（1）自然寿命。自然寿命通常也称作物理寿命，是指设备在规定的使用条件下，从开始使用到无法修复而报废所经历的时间。正确使用、精心维护和管理设备可以延长其自然寿命。

（2）技术寿命。技术寿命一般是指设备在技术上有存在价值的时间，即设备从开始使用到因技术落后而被淘汰的时间。设备技术寿命的长短取决于设备磨损、老化的程度以及新技术发展的速度。

（3）经济寿命。经济寿命又称为价值寿命，是指设备从开始使用到再继续使用时在经济上已经不划算为止的全部时间。

对于物业管理企业而言，物业设备设施的寿命主要是管理寿命，即物业管理企业从参与某种设备设施的管理工作开始，至放弃管理这种设备设施为止的这段时间。一般是指设备设施从安装交付使用开始，经过使用、维护、维修、改造阶段，直到最后报废处理为止的全过程，它可以是自然寿命，也可以是经济寿命或技术寿命。

3. 寿命周期费用的构成

物业设备设施寿命周期费用的构成主要有前期费用、购买费用、使用费用、维修费用和回收报废成本等。资料显示：前期费用（主要包括采购对象功能定位、配置决策所涉及的费用；方案确定后的招投标费用、设计费用）约占 5%；购买费用约占 15%~25%；使用和维修费用约占 50%~65%；回收报废成本一般小于 5%。在全寿命周期费用中，一般使用和维修费用所占比例最大。

在设备设施的管理实践中，物业企业一般是承接已建好的项目，设备设施的 LCC 费用大多是其维持费用，主要包括：

（1）使用维护费：包括技术资料费、操作人员工资及培训费、日常维护材料费、维护工具仪表费、委托维护费和能源消耗费等。

（2）修理改造费：包括技术资料费、维修人员工资及培训费、维修材料、工具、备件、备品费、委托维修费和能源消耗费等。

（3）后勤保障费：包括材料保管费、管理人员工资及培训费、办公费、技术资料费、实验设备费和检测费等。

（4）报废处理费：包括拆除费和运输费等。

物业企业应对其进行细致分析，由粗到细，逐项列出其费用构成，只要是物业企业为保证设备设施正常运行所花费的人、财、物等各项费用都要计入，而折旧费、各种设备设施的建设费和管理费则应分摊到各个设备上。

二、设备设施的可靠性理论

物业设备设施的可靠性是指其无故障连续运转工作的性能，分为固有可靠性和使用可靠性。固有可靠性由设计、生产工艺和制作决定；使用可靠性则与使用、环境以及可维修性有关。物业设备设施丧失规定的功能或技术性能即产生了故障。研究设备设施可靠性的目的是预防、控制和消除设备出现故障。根据可靠性理论，可以合理地确定设备的管理目标和检修周期。

1. 可靠度与不可靠度

可靠度是指物业设备设施在正常使用、保养和维修的条件下，在其经济寿命周期内完成规定功能的概率。不可靠度则是指物业设备设施在上述情况下不能完成规定功能的概率。

可靠度与不可靠度均是时间的函数，随着时间的延续，可靠度逐渐下降，不可靠度逐渐增高，但两者相加之和等于1。

2. 故障率和故障密度

设备的故障率是指物业设备在某时点后的单位时间内发生故障的台数，相对于特定时间内还在工作的台数的百分率。即设备或部件在规定条件下、规定期限内发生故障的次数。

故障密度是指在单位时间内，发生故障的设备台数与总设备数值比。

故障率和故障密度越低，物业设备设施的运行就越稳定，其功能发挥就越大。

3. 故障分布规律

在正常的情况下，一台设备是否发生故障呈随机性，但是，每一台设备发生的故障却有一定的规律性，而故障分布函数就反映了这种规律。常见的故障分布函数有指数分布、正态分布和威布尔分布。指数分布规律适用于具有恒定故障率的部件及比较复杂的系统，如物业社区的给排水、采暖、通风与空调、供配电及照明系统等。正态分布规律适用于磨损型部件发生的故障，如灯泡、变压器等。威布尔分布规律适用于轴承、继电器、空气开关、电动机、液压泵和齿轮等。

4. 故障率曲线

故障率曲线，又称"浴槽曲线"，是因为设备在其寿命周期内的故障率可用一个形似浴缸剖面的曲线来表示，设备故障率随时间的变化可以分为初期故障期、偶发故障期和磨耗故障期。

（1）初期故障期（又称磨合期）。在此期间，故障率开始较高，但随时间推移会迅速下降。此期间故障主要是设计、制造缺陷或使用不当所致。故管理中应注意易损零部件、设计、施工及材料情况。深入的前期介入有助于该期间的科学管理。

（2）偶发故障期。在此期间，故障呈随机偶发状态，故障率最低且趋于稳定，是设备的正常工作期或最佳状态期。此期间故障主要是使用不当或维修不到位所致。故管理中应注意加强教育培训，提高工程人员的故障检测诊断及维修能力，注意保养和维护工作，加强备品配件管理。

（3）磨耗故障期。在此期间，故障率不断上升。主要是由于设备零部件的磨损、疲劳、老化、腐蚀等所致。管理人员应精心维护保养，尽量延缓设备磨损及老化速度。

三、设备设施的故障理论

故障理论包括故障统计分析和故障管理分析两个方面，前者主要应用可靠性理论从宏观上定性、定量地分析故障；后者则采用具体的测试手段和理化方法，分析设备的劣化、损坏过程，从微观上研究故障机理、形态和发展规律。由于篇幅所限，这里只讨论后者。

1. 故障的概念

设备（系统）或零部件由于某种原因丧失其规定性能的状态，即发生了故障。一般来说，物业设备设施处于不经济运行的状态即为故障。故障理论主要包括故障统计分析和故障管理两个方面。设备设施故障管理的主要任务就是及时发现异常和缺陷，并对其进行跟踪监测和测定，预防故障的发生。

2. 常见故障的模式

设备设施发生故障时，人们接触到的是故障现象，即故障实物（现场）和故障的外部形态。故障现象是故障过程的结果，查明故障原因，便于对故障设备维修，杜绝事故的再次发生，为此，必须全面、准确地弄清故障现象。物业设备设施发生故障后，首先要通过文字、图形等详细记录故障现象。同时根据相关的文字记载（如设备运行记录、仪表记录等）及有关人员的回忆，弄清设备发生故障前的情况及有关数据资料，在全面掌握故障现象及其有关的环境、应力等情况后，进一步分析产生故障的原因和机理。

设备设施的每一项故障都有其主要的特征，称为故障模式，如磨损、老化、腐蚀等。设备设施在使用过程中，由于材料、工艺、环境条件和人为因素的影响，其零部件会逐渐地磨损、变形、断裂、腐蚀等，不可避免地出现各种各样的故障，设备的功能和精度降低，甚至整机丧失使用价值。

实际工作中常见的故障模式有异常振动、磨损、疲劳、裂纹、破裂、腐蚀、变形、剥离、渗漏、堵塞、松弛、熔融、蒸发、绝缘老化、材料老化、异常声音、油脂变质等。每一种故障模式中，往往包含着由于不同原因产生的故障现象。如疲劳包含了应力集中引起的疲劳、侵蚀引起的疲劳、材料表面缺陷引起的疲劳等；磨损包含了黏着磨损、接触疲劳磨损、磨粒磨损和腐蚀磨损等；腐蚀包含了应力腐蚀、点蚀、晶间腐蚀、缝隙腐蚀、气蚀、硫化等。

第三节　物业设备设施管理内容

一、物业设备设施基础资料管理

物业设备基础资料的管理是为设备管理提供可靠的条件和保证。物业设备进行管理，主要是物业设备及设备系统要有齐全、详细、准确的技术档案，主要包括设备原始档案、设备技术资料，以及政府职能部门颁发的有关政策、法规、条例、规程、标准等强制性文件。

1. 设备原始档案和设备技术资料

设备技术档案必须齐全、详细、准确，主要包括设备原始档案和设备技术资料两类。

（1）设备原始档案。

1）设备清单或装箱单。

2）设备发票。

3）产品质量合格证，进口设备的商品检验合格证。

4）开箱验收报告。报告内容主要有设备名称、型号、规格、数量、外观质量、附带资料、验收人员、验收日期等。开箱验收应有购买使用单位、设计单位、负责安装设备的公司、监理公司和生产厂商等代表参加。

5）产品技术资料。主要包括设备图纸，使用说明书、安装说明书等。

6）安装施工、水压试验、调试、验收报告。竣工验收报告，可进行分阶段验收，每阶段验收要做详细地记录，记录上有验收工程名称、位置、验收日期、验收人员等。水压试验要记录试验的压力、持续时间及在场的工作人员。调试工作有单机调试及系统调试两种。调试时，用户（业主）、设计院、安装公司和监理公司等单位必须有相关人员参加，设备生产厂商应参加单机调试工作。

（2）设备技术资料。

1）设备卡片。每一台设备都必须建立设备卡片，一般可按设备的系统类型、使用部门或使用场所对设备进行编号，在设备卡片上按编号登记设备的档案资料。

2）设备台账。将设备卡片按编号顺序统一汇总登记，就形成了设备的台账。在设备台账中主要登记设备的大概情况，如设备编号、名称、型号、规格、生产厂商、出厂日期、价格、安装使用日期等。所有设备的概况在台账中要一清二楚，为管好、用好设备提供保证和便利。

3）设备技术登记簿。每一台主要设备都应设立一本技术登记簿（即设备的档案簿），对设备在使用期间进行登录和记载。其内容一般包括设备概况、设计参数、技术特性、结构简图、备品配件、设备运行及维修记录，设备大、中修记录，设备事故记录，更新改造及移动改装记录和报废记录等。

4）竣工图。施工结束、验收合格后，设计单位、监理单位和施工单位把已经修改完善的全部图纸整理后交给用户，这些图纸就是竣工图。竣工图是记载工程建筑、结构以及工艺管线、设备、电气、仪表、给排水、暖通、环保设施等建设安装工程实际情况的技术文件，是竣工验收及今后进行管理、维修、改扩建等的重要依据，要妥善保管。

5）系统资料。按系统或场所把各系统分成若干子系统，对每个子系统，一般采用示意图、文字和符号来说明，其表达方式要直观、灵活、简明，以便于查阅。

2. 政府职能部门颁发的有关政策、法规、条例、规程、标准等强制性文件

（1）政策、法规、条例及规程。

1）环保方面:《中华人民共和国水污染防治法》《中华人民共和国大气污染防治法》《中华人民共和国固体废物污染环境防治法》《中华人民共和国环境噪声污染防治法》《中华人民共和国放射性污染防治法》和《中华人民共和国水法》等。

2）消防方面：《中华人民共和国消防法》《建筑设计防火规范》《人民防空工程设计防火规范》等。

3）节能方面：《中华人民共和国节约能源法》等。

4）建筑方面：《中华人民共和国建筑法》《住宅装修工程电气及智能化系统设计、施工与验收规范》《民用建筑工程室内环境污染控制规范》等。

5）电梯、变配电、燃气和给排水设备等都有政府部门的法规及条例进行监督和约束。

（2）技术标准。

技术标准有《生活饮用水卫生标准》《室内空气质量标准》《污水综合排放标准》《工业锅炉水质》《锅炉大气污染物排放标准》《声环境质量标准》等。

国家相关部门颁发的政策、法规、条例、规范和各种技术标准是设备管理中的法律文件，指导和约束着物业设备的管理工作，必须分类存档、妥善保管。

二、物业设备设施运行管理

在物业设备运行管理中，必须取得两方面成果：一是设备的运行在技术性能上始终处于最佳状态；二是从设备的购置到运行、维修与更新改造中，寻求以最少的投入

得到最大的经济效益，即设备的全过程管理的各项费用最经济。因此，物业设备的运行管理，包括物业设备技术运行管理和物业设备经济运行管理两部分内容。

1. 物业设备技术运行管理

物业设备技术运行管理主要就是要建立合理的、切合实际的运行制度、运行操作规定和安全操作规程等运行要求或标准，建立定期检查运行情况和规范服务的制度，保证设备设施安全、正常运行。对物业设备技术运行管理，应落实以下几个方面的工作。

（1）针对设备的特点，制定科学、严密、切实可行的操作规程。在设备管理工作中，应根据设备特点制定切实可行的操作规程，例如供配电系统的管理要制定送电、断电和安全用电的操作规程等，并定期对操作人员进行考核、评定。

（2）对操作人员要进行专业培训教育，国家规定需持证上岗的工种必须持证上岗。对特殊工种操作人员进行专业的培训教育是设备管理的一项重要工作，操作人员应积极参加政府职能部门举办的培训班，掌握专业知识和操作技能，通过理论及实际操作考试取得相应的资格证书，如锅炉操作证、高低压电工操作证、电梯运行操作证等。

（3）加强维护保养工作。设备操作人员在使用和操作设备的同时，要认真做好维护保养工作，做到"正确使用，精心维护"，维护保养工作主要是加强日常及定期的清洁、清扫和润滑等，确保设备始终保持良好状态。

（4）定期检验设备中的仪表和安全附件，确保灵敏可靠。压力表上应有红线范围，设备运行时绝对不能超越红线。安全阀前面严禁装设阀门，为了防止安全阀芯、弹簧等锈蚀而影响其灵敏度，要定期人为开启。压力表、安全阀的定期校验工作应由相关部门负责，校验报告应妥善保管。

（5）科学监测、诊断故障，确保设备设施安全运行。对运行中的设备设施不能只凭经验判断其运行状况和故障，应在对故障进行技术诊断的基础上，做深入、透彻、准确的分析，从而及时、准确地发现故障的潜在因素，采取有效措施防止故障的发生，确保安全运行。

（6）如果因设备故障发生事故，对事故的处理要严格执行"四不放过"原则：设备若有事故发生的事故原因不查清楚不放过、事故责任人及其相关部门未受到教育不放过、事故后没有采取改善措施不放过、没有紧急事件的预防方案和弥补救护措施不放过。事故发生后应该对事故原因及故障规律进行分析，并制定出有效的改善措施，确保类似事故不再发生。

2. 物业设备经济运行管理

物业设备经济运行管理的主要任务是在设备安全、正常运行的前提下，节约能耗费用、操作费用、维护保养费用以及检查维修等方面的费用。其内容包括在物业设备运行管理过程中采用切实有效的节能技术措施和加强设备能耗的管理工作。

运行成本管理主要包括能源消耗的经济核算、操作人员配置和维修费用管理等方面。

（1）能源消耗的经济核算。设备在运行过程中，需要消耗水、电、蒸汽、压缩空气、煤气、燃料油等各类能源。我国目前还处于经济发展阶段，各类能源的供应还存在一定缺口，因此仍在实行计划控制，超越计划的能源价格实行高价收费，且能源的价格也在不断调整，所以节约能源不仅节约能耗费用，还具有一定的经济意义和一定的社会意义。能源消耗的经济核算工作有以下几个方面。

1）制定能源耗用量计划和做好计量工作。设备管理部门每年要求预先按月编制各类能源的消耗量及能源费用的计划，做出 1~12 月每个月的各类能源的耗用计划及能源费用的支出计划。各类能源的使用要有正确可靠的计量仪表。在实际使用中，应坚持每天定时抄表记录并计算出日耗量，每月检查统计一次实际耗用量，每月统计一次实际耗用量及能源费用，并将每月的实际耗用量及能源费用同年度计划比较。如能源非法收入用量出现异常情况，应立即查清原因并报告负责人。

2）采取切实有效的节能技术措施。在选用设备时，注意设备的技术参数要同工艺要求匹配，优先采用先进的电子控制技术，实施自动调节，使设备在运行过程中一直处于最佳运行状况和最佳运行负荷之中；在节约用水方面，要做到清浊分流、一水多用、废水利用，设备冷却水应采用冷却塔循环利用；在节约用电方面，优先选用节能型电机，在供配电设施上应有提高功率因素的措施。照明用电方面，尽量多利用自然采光，应选择合理的照明系统和照明灯具。照明灯具的开关控制应采用时间控制、日光控制或红外音频控制等节能控制方式；同时，防止管道、阀门及管道附件泄漏和损坏，发现问题及时修理和调换。对使用热源和冷源的管道和设备应加强保温绝热工作，以减少散热损失。

3）加强节能管理工作。节能工作已开展多年，节能技术及节能措施也逐步完善，并已取得明显效果，但还有些管理部门或管理人员没有真正重视节能管理。因此，还应继续加强节能管理工作，做好能源耗用量的计划及计量工作，采取切实有效的节能技术措施，加强节能管理工作等。

（2）操作人员配置。应积极采取合理的人力资源组织形式来安排操作人员，定岗定员，提倡一专多能的复合型人才，但必须持证上岗。

（3）维修费用管理。一般可由专人负责，做到计划使用和限额使用相结合。对维修费用的核算，要有故障修理记录作为维修费用开支的依据，同时也为今后的维修管理提供参考。

三、物业设备设施维护管理

物业设备维护管理主要包括维护保养和计划检修。

设备维护保养的目的，是及时地处理设备在运行中由于技术状态的发展变化而引起的大量、常见的问题，随时改善设备的使用状况，保证设备正常运行，延长其使用寿命。同样，设备检修的目的是及时修复由于正常或不正常的原因而引起的设备损坏。

1. 物业设备的维护保养

设备在使用过程中会发生污染、松动、泄漏、堵塞、磨损、振动、发热、压力异常等各种故障，影响设备正常使用，严重时会酿成设备事故。因此，应经常对使用的设备加以检查、保养和调整，使设备随时处于最佳的技术状态。维护保养的方式主要是清洁、紧固、润滑、调整、防腐、防冻及外观表面检查。对长时期运行的设备要巡视检查，定期切换，轮流使用，进行强制保养。

维护保养工作主要分日常维护保养和定期维护保养两种。

（1）日常维护保养工作要求设备操作人员在班前对设备进行外观检查，在班中按操作规程操作设备，定时巡视记录各运行参数，随时注意运行中有无异声、振动、异味、超载等现象，在班后对设备做好清洁工作。日常维护保养工作是设备维护管理的基础，应该坚持实施，并做到制度化，特别是周末或节假日前更应注意。

（2）定期维护保养工作是以操作人员为主、检修人员协助进行的。它是有计划地将设备停止运行，进行维护保养。根据设备的用途、结构复杂程度、维护工作量及人员的技术水平等，决定维护的间隔周期和维护停机时间。

设备点检是指对设备有目的、有针对性的检查。一些大型的、重要的设备在出厂时，生产厂商会提供该设备的点检卡或点检规程，其中包括检查内容和方法、检查周期以及检查标准等。设备点检时可按生产厂商指定的点检内容和点检方式进行，也可以根据经验补充一些点检点，可以停机检查，也可以随机检查。检查时可以通过摸、听、看、嗅等方式，也可利用仪器仪表进行精确诊断。通过设备点检，可以掌握设备的性能、精度、磨损等情况，并可及时消除隐患，防止突发事故，既可以保证设备正常运行，又可以为计划检修提供可靠的依据。设备点检的方法有日常点检和计划点检两种。

1）日常点检由操作人员随机检查，其内容主要包括：设备运行状况及参数，安全保护装置，易磨损的零部件，易污染堵塞、需经常清洗更换的部件，运行中经常要求调整的部位和经常出现不正常现象的部位等。

2）计划点检以专业维修人员为主，操作人员协助进行。点检时可使用先进的仪器设备和手段。点检内容主要有设备的磨损情况及其他异常情况，确定修理的部位、部件及修理时间，更换零部件，安排检修计划，等等。

2. 物业设备的计划检修

物业设备的计划检修是指对在用设备，根据运行规律及计划点检的结果可以确定其检修间隔期。以检修间隔期为基础，编制检修计划，对设备进行预防性修理。实行计划检修，可以在设备发生故障之前就对其进行修理，使设备一直处于完好能用状态。根据设备检修的部位、修理工作量的大小及修理费用的高低，计划检修工作一般分为小修、中修、大修和系统大修四种。

（1）小修：主要是清洗、更换和修复少量易损件，并做适当的调整、紧固和润滑工作。小修一般由维修人员负责，操作人员协助。

（2）中修除包括小修内容之外，对设备的主要零部件进行局部修复和更换。中修应由专业人员负责。

（3）大修对设备进行局部或全部的解体，修复或更换磨损或腐蚀的零部件，力求使设备恢复到原有的技术特性。在修理时，也可结合技术进步的条件，对设备进行技术改造。大修应由专业检修人员负责，操作人员只能做一些辅助性的协助工作。

（4）系统大修是一个系统或几个系统甚至整个物业系统的停机大检修。系统大修的范围很广，通常将所有设备和相应的管道、阀门、电气系统及控制系统都安排在系统大修中进行检修。在系统大修过程中，所有的相关专业检修人员以及操作人员、技术管理人员都应参加。

四、物业设备设施更新改造管理

物业设备中的任何设备使用到一定的年限以后，其效率会变低，能耗将加大，每年的维护费用亦相应增加，并有可能发生问题严重的事故。为了使物业设备性能在使用运行中得到有效的改善和提高，降低年度维护成本，则需对有关设备进行更新改造。

1. 设备更新

设备更新是以新型的设备代替原有的老设备。任何设备都有使用期限，如果设备达到了它的技术寿命或经济寿命，则必须进行更新。

2. 设备改造

设备改造是指应用现代科学的先进技术对原有的设备进行技术改进，以提高设备的技术性能及经济特性。

（1）设备改造的主要方法。

1）对设备的结构做局部改进。

2）增加新的零部件和各种装置。

3）对设备的参数、容量、功率、转速、形状和外形尺寸做调整。设备改造费用一般比设备更新要少很多，因此，通过技术改造能达到技术要求的，尽可能对原设备进行技术改造。

（2）编制设备改造方案。

对设备进行技术改造，首先要对原设备进行分析论证，编制改造方案，具体内容包括：

1）原设备在技术、经济、管理上存在的主要问题，设备发生故障的情况及其原因。

2）需要改造的部位和改造内容。

3）在改造中应用的新技术的合理性和可行性。

4）改造后能达到的技术性能、安全性能、效果预测。

5）预计改造后的经济效益。

6）改造的费用预算以及资金来源计划。

7）改造的时间及设备停用带来的影响。

8）改造后的竣工验收和投入使用的组织工作等。

五、备品配件管理

备品配件管理就是在检修之前将新的零部件准备好。设备在运行过程中，零部件往往会磨损、老化，降低了设备的技术性能。要恢复设备的技术性能，必须用新的零部件更换已磨损、老化的零部件。为了减少维修时间，提高工作效率，应在检修之前准备好新的零部件。管理实践应做到计划管理、合理储备、节约开支、管理规范。

（1）计划管理。严格按物业设备设施技术文件的要求进行维修，使用前应列出使用计划，经批准后进行采购和领用。

（2）合理储备。物业企业应按设备设施维修计划及技术上要求的各类设备设施数量，对备品、配件、材料进行合理的储备，在确保设备设施维修的前提下，尽量减少对企业流动资金的占用，以提高企业经济效益。

（3）节约开支。对能修复利用的备品、配件、材料，应尽量实施修复后再利用，实践中应选择合格的材料供应商及品牌，减少因产品质量问题造成的浪费。

（4）管理规范。物业企业应设立备品、配件、材料管理库，建立备品、配件、材料使用的审批、采购、入库验收、领用、更换及按月核查制度。管理中要做到账、卡、物三相符。合格成品和收回的废品以及可以修复但未经修复品应分别存放。有特殊管理要求的备品、配件、材料应进行特殊管理，如防霉、防潮、防锈、防撞击等。

六、固定资产管理

固定资产是指使用时间较长（年限在一年以上），单位价值在规定标准以上，并在使用过程中保持原有物质形态的资产，包括房屋及建筑物、机器设备、运输设备、工具等。固定资产必须同时具备下列两个条件：一是使用年限在一年以上；二是单位价值在规定的限额以上（1000元、1500元、2000元）。不同时具备这两个条件的列为低值易耗品，按流动资产管理。但是，不属于生产经营主要设备的物品，单位价值在2000元以上并且使用期限超过两年的，也应作为固定资产管理。固定资产管理的基本要求如下：

（1）保证固定资产完整无缺。

（2）提高固定资产的完好程度和利用效果。

（3）正确核定固定资产需用量。

（4）正确计算固定资产折旧额，有计划地计提固定资产折旧。

（5）进行固定资产投资的预测。

七、工程资料管理

在管理过程中，必须使具有保存价值的工程资料得到有效的管理，方便查找和使用，并使其内容具有可追溯性，能及时、有效地对工作起到指导作用。物业工程资料的分类工程资料管理的方法分为文件档案管理和电脑管理两大类。所有文件、资料均需按分类目录建档存放，同时在电脑或光盘上备份存储，以方便调阅。

工程资料归档时，归档的文件资料必须字迹工整，纸张及文件格式符合国家要求，禁止使用圆珠笔、铅笔、纯蓝墨水等书写材料。归档文件必须使用原件，在特殊情况下可使用复印件，但必须附上说明；归档时必须认真验收，办理交接登记手续，同时必须确保文件资料的完整、系统、准确、真实性；基建工程、改造工程的竣工验收及外购设备开箱验收等必须有档案部门参加，凡文件资料（含有关图纸等）不完整、不准确、不系统的不能进行验收；归档文件必须进行科学分类、立卷和编号，档案目录应编制总目录、案卷目录、卷内目录。

工程资料归档时间：基建项目、改造工程的资料在竣工后一个月内归档；新购设备（包括引进设备或技术）在开箱时必须会同档案管理员进行技术资料核对登记，于竣工后连同调试记录等文件材料整理立卷、归档；工程、设备的运行、保养、维护资料必须按月或按季度整理，并在次年一季度前将上年全年资料归档。

工程资料在保管时，存放档案必须使用专用柜架，档案室内应严格做到"七防"（防火、防盗、防高温、防潮、防虫、防尘、防有害气体），要重视消防，严禁吸烟和使用明火；每年年底对库存档案进行一次特别清理、核对和保管质量检查工作，做到账物相符，对破损或变质档案要及时进行修补和复制。

第四节　物业设备设施管理组织设计

一、物业设备设施管理机构

物业服务企业应根据具体情况建立自己的工程设备管理体系。一般来说，总工程师（或工程部经理）是物业设备设施管理的总负责人，在其领导下，要建立一个结构合理的管理机构，组织一支精干高效的工程管理队伍，才能较好地完成物业设备设施系统的管理工作。该组织机构应考虑物业规模和特点、物业所有者的组织形式、客户的组成、物业的用途和经营方式、物业安装设备的数量、形式及分布情况、物业的管理风格等因素。

物业设备设施管理机构一般是在总工程师的领导下设置工程部，工程部经理负责本部门职责范围内相关设备运行、保养、维护等管理工作。物业设备设施管理机构一般采用以下设置方案。

1. 按专业分工的组织构架

其特点是各设备主管处主任负责本处工作，配备人员能够完成全部运行、保养和小型维修工作，分工较细，各单位职责明确，业务职能基本上能独立完成，但配备人员较多，适用于规模较大、专业技术人员充足、技术力量较强的物业服务企业。

2. 主管工程师负责的组织构架

其特点是各主管工程师负责本专业相关班组的工作，既分工又合作，消除了中间环节，人员配置少，管理费用低，技术指导直接可靠，维修质量较高，便于协调指挥，但是必须有一支技术熟练、业务能力较强的工程技术队伍。

3. 运行和维修分开管理的组织构架

其特点是物业管理部只负责相关设备设施的操作运行，人员配置数量比较少，自身素质要求可以不太高，主要技术力量集中在各工程维修部，人力资源应用合理，维修质量有保障。管理的设备越多，优势就越明显。

4. 最简单的组织构架

其特点是适用于建筑规模小、设备配置少、技术和管理要求不高的物业服务企业。工程部仅负责日常运行和一般故障处理，人员配置少，管理比较简单。重大设备的维护、保养和维修由专业的维修公司承包。

二、物业设备设施管理人员岗位职责

1. 工程部经理岗位职责

工程部本身的工作及工程部与物业部、销售部、保安部等的横向联系与配合，对提高物业的整体服务质量至关重要。工程部经理是进行管理、操作、保养、维修，保证设备设施正常运行的总负责人。其主要职责包括以下几个方面。

（1）直接对企业总经理负责，在公司经理的领导下贯彻执行有关设备和能源管理方面的工作方针、政策、规章和制度，制定物业设备设施管理工作的具体目标和政策，并定期编写月、周报告，运行报表等，收集有关资料和数据，为管理决策提供依据。

（2）负责物业设备设施从规划和实施、运行和使用、维护和修理、改造和更新直到报废全过程的技术和经济管理工作，使设备始终处于良好的工作状态。

（3）加强完善设备项目验收、运行、维修的原始记录资料；编制物业设备的保养、大修计划、预防性试验计划（月计划、年计划），并负责有组织有计划地完成各项工作；控制费用，提高修理的经济效果。

（4）在安全、可靠、合理的前提下，及时供给各种设备所需要的能源（水、电、油、气等），并做好节能工作。

（5）组织拟定设备管理、操作、维修等规章制度和技术标准，并监督执行。

（6）组织、收集、编制各种设备的技术资料，做好设备的技术管理工作。

（7）组织编制各种设备的保养、检修计划，并进行预算，在公司经理批准后，组织人员实施。

（8）组织人力、物力及时完成业主提出的报修申请，为业主提供良好的工作生活条件。

（9）负责设备安全管理，组织物业设备的事故分析和处理；制定安全防火、事故防范措施并督促落实执行。

2. 专业技术负责人岗位职责

各专业技术负责人在部门经理领导下，负责所管辖的维修班组的技术和管理工作，负责编制所分管的机电设备的保养与维修计划、操作规程及有关资料，并协助部门经理完成上级主管部门布置的工作。具体职责如下。

（1）负责编制所管设备设施的年、季、月检修计划及相应的材料、工具准备计划，经工程部经理审批后负责组织计划的实施，并检查计划的完成情况。

（2）督导下属员工严格遵守岗位责任和规章制度，严格执行操作规程，检查下属岗位职责以及操作规程、设备维修保养制度的执行情况，发现问题及时提出改进措施，并督促改进工作。

（3）熟悉所管系统设备设施的性能、通行状况、控制状态，制定合理的运行方案，研究改进措施，减低能耗，并能组织调查、分析设备事故，提出处理意见及措施，组织实施，以防止事故的再次发生。

（4）及时掌握本专业科技发展新动态，及时提出推广新技术、新工艺、新材料建议，报上级审批后组织贯彻实施。

（5）服从上级的调度和工作安排，及时、保质、保量地完成工作任务。

3. 领班岗位职责

（1）负责本班所管辖设备的运作和维护养护工作，严格做到设备、机房、工作场所干净，并且不漏电、不漏水、不漏油、不漏气，使用性能良好、润滑良好、密封良好、坚固良好、调整良好。

（2）带领并督促全班员工遵守岗位责任制、操作规程和公司制定的各项规章制度，及时完成上级下达的各项任务。

（3）负责本班的业务学习，不断提高自身素质，负责本班的日常工作安排。

（4）负责制定本班设备的检修计划和备件计划，报主管审核后组织实施。

4. 技术工岗位职责

（1）按时上班，不迟到不早退，并认真执行公司制定的各种设备维护规程。

（2）定期对机电设备进行维护保养；认真完成设备的日常巡检，发现问题及时处理。

（3）认真完成公司安排的设备大检修任务。

（4）正确、详细填写工作记录、维修记录，建立设备档案。

（5）爱护各种设备、工具和材料，对日用维修消耗品要登记签认，严禁浪费。

（6）加强业务学习，认真钻研设备维护技术，并树立高度的责任心，端正工作态度。

5. 材料保管员岗位职责

（1）负责统计材料、工具和其他备件的库存情况，根据库存数量及其他使用部门提出的采购申请填写采购申请表，报总经理审批。

（2）负责材料、工具和其他设备备件的入库验收工作，保证产品品种、规格、数量、质量符合有关要求。

（3）负责材料、工具和其他设备备件的保管工作，保证产品的安全和质量。

（4）负责统计库房材料的工作，按时报送财务部门。

（5）负责完成上级交办的其他任务。

6. 资料员岗位职责

（1）负责收集、整理工程部各种技术资料及设备档案。

（2）负责本部门各下属单位的各项工作报表的汇总、存档。

（3）负责能源、材料、人力等各项资源消耗的统计。

三、物业设备设施管理制度

1. 生产技术规章制度

生产技术规章制度包括设备的安全操作规程、验收制度、保养维修规程等。

（1）安全操作规程。

"安全第一，预防为主"，在安全管理备受重视的今天，设备设施的安全操作运行已成为物业管理的重要环节。专业技术人员在工作中应遵守专业技术规程，接受专业培训，掌握安全生产技能，佩戴和使用劳动防护用品，服从管理。

高低压配电、弱电、楼宇自控系统、电梯、电脑中心、水泵房、电梯等设备的运行都会形成一定的风险，如不按规程操作，轻则造成设备故障，重则造成机毁人亡。因违规操作造成事故的案例举不胜举，如某公司管理处维修技术员王某、李某对小区低压配电柜进行带电除尘作业，在施工作业中，王某认为使用手动皮风器的除尘效果不好，便改用毛刷进行除尘作业，但未对毛刷的铁皮进行绝缘处理，刷子横向摆动时导致毛刷的铁皮将相排与零排短接，造成相对的短路，联络断路器总闸保护跳闸。瞬间短路产生的电弧使王某的手部和面部有不同程度的烧伤。

（2）物业设备接管验收制度。

设备设施的验收工作是设备安装或检修停用后转入使用的一个重要过程，做好验收工作对以后的管理和使用有着重要的意义。接管验收内容包括新建设备设施的验收、维修后设备的验收、委托加工或购置的更新设备的开箱验收等。

对初验发现的问题应商定解决意见并确定复验时间，对经复验仍不合格的应限定解决期限。对设备的缺陷及不影响使用的问题可作为遗留问题签订协议保修或赔款补偿。这类协议必须是设备能用、不致出现重大问题时方可签订。验收后的基础资料应妥善保存。

（3）物业设备维修保养规程。

物业设备在使用过程中会发生磨损、松动、振动、泄漏、过热、锈蚀、压力异常、传动皮带老化断裂等故障，从而影响设备的正常使用。设备故障会产生相应的管理风险，甚至会形成事故，如电路老化易造成短路甚至发生火灾。管理实践中应正确掌握设备状况，根据设备设施的运行管理经验以及技术特点等情况，制订科学合理的预防性维修保养规划，按照预定计划采取设备点检、养护、修理的一系列预防性组织措施和技术措施，防止设备在使用过程中发生不应有的磨损、老化、腐蚀等现象，保证设备的安全运行，降低修理成本，充分发挥设备潜力和使用效益。

2. 管理工作制度

物业设备设施的管理工作制度包括责任制度、运行管理制度、维修制度以及其他制度等。管理制度应"因人而异"。

（1）责任制度。

一般包括各级岗位责任制度、报告制度、交接班制度、重要设备机房（变配电房、发电机房、空调机房、电梯机房、卫星机房、给水泵房、电信交换机房）出入安全管理制度、重要机房（锅炉房、变配电房）环境安全保卫制度等。交接班制度的内容包括：

1）接班人员必须提前10分钟做好接班的准备工作并穿好工作服，佩戴好工号牌正点交接班。

2）接班人员要详细阅读交接日记和有关通知单，详细了解上一班设备运行的情况，对不清楚的问题一定要向交班者问清楚，交班者要主动向接班者交底，交班记录要详细完整。

3）交班人员要对接班人员负责，要交安全、交记录、交工具、交钥匙、交场所卫生、交设备运行动态，且双方签字确认。

4）如果在交班时突然发生故障或正在处理事故，应由交班人员为主排除，接班人员积极配合，待处理完毕或告一段落，报告值班工程师，征得同意后交班人员方可离去。其交班者延长工作的时间，视事故报告分析后再作决定。

5）在规定交班时间内，如接班者因故未到，交班者不得离开岗位，擅自离岗者按旷工处理，发生的一切问题由交班者负责；接班者不按时接班，直接由上级追查原因，视具体情节做出处理；交班者延长的时间除公开表扬外，并发给超时工资（可在绩效工资中体现）。

6）接班人员酒后或带病坚持上岗者，交班人不得擅自交接工作，要及时报告当班主管统筹安排。

（2）运行管理制度。

设备运行管理制度主要有巡视抄表制度、安全运行制度、经济运行制度、文明运行制度等。特殊设备还需另行制定制度，如电梯安全运行制度、应急发电运行制度等。

（3）维修制度。

维修制度包括日常巡视检查及保养制度、定期检查及保养制度、计划检修制度、备品配件管理制度、更新改造制度、维修费用管理制度、设备报废制度等。

（4）其他制度。

其他制度包括承接查验制度、登记与建档制度、节能管理制度、培训教育制度、设备事故管理制度、员工奖惩制度、承租户和保管设备责任制度、设备清点和盘点制度等。物业服务企业必须根据承接查验物业的状况，逐步完善各项管理制度，有效地实现专业化、制度化的物业设备设施管理。

3. 培养高素质的管理团队

管理和服务是物业设备设施管理的基本内容，二者的良好实现必须以高素质的技术人员为基础。

（1）克服"短板"现象，提升员工技能。管理学中有一个"木桶理论"，木桶盛水的多少不是取决于最长的那块板，而是取决于最短的那块板。管理实践中，可通过"传帮带"、定期培训、理论考核、实操大比武等多种方式让"短板"消失，使团队整体技能水平得以保持和提升。实践中应注意：择优的目的不在于淘汰，而在于整体提升。

（2）技术人员要"一专多能"住宅小区（大厦）内配套的机电设备很多，有些是24h运行，因此机电人员随时要处理机电设备出现的故障。有些设施专业性强、技术要求高，需要不同专业的技术人员来承担。在实践中，机电人员一方面要受数量定编的限制，另一方面需要处理的事情又无定性，所以经常出现"时忙时闲"的工作量不平衡现象。要克服这一现象，除做好计划管理外，还必须实行"一专多能"的用人制度，在保持核心技术专长的同时，培养多种技能，使管理团队达到精干高效。需要注意的是，在采用"一专多能"的工作方式时，切忌无证上岗，避免造成安全事故和其他损失。

（3）熟悉物业设备，强化规范管理。住宅小区（大厦）设备设施种类多、数量大，人员又相对集中，这就增加了管理的难度。为了更好地做好物业服务，工作人员必须熟知住宅小区（大厦）的物业情况和各项管理规定，在实践中做到"勤查、多思、善断"，对不规范使用设备的行为做到有效制止、纠正，发现设备不正常时，立即通知有关部门停机检修，迅速查明原因。

第五节　物业设备设施风险管理

一、物业设备设施风险管理基本概念

1. 风险

风险意味着未来损失的不确定性，或者理解为损失的大小和发生的可能性。风险具有客观性、普遍性、必然性、可识别性、可控性、损失性、不确定性和社会性等特征。

2. 风险管理

风险管理是指对影响企业目标实现的各种不确定性事件进行识别和评估，并采取应对措施将其影响控制在可接受范围内的过程。它是以观察实验、经验积累为基础，以科学分析为手段，以制度建设为保证的科学方法。

3. 物业设备设施风险

物业设备设施风险是指在物业设施设备使用及管理过程中，由于企业内部或者企业外部的各种因素导致的应由物业企业承担的意外损失。物业设备设施形成的风险按不同分类标准一般可分为：

（1）按损失对象分类：人身风险、财产风险、责任风险。

（2）按损失产生的原因分类：自然风险、人为风险（行为风险、技术风险、经济风险）。

（3）按风险控制的程度分类：可控风险、不可控风险。

（4）按产生风险的原因分类：静态风险、动态风险。

现代物业建筑的规模化、使用功能综合化、建筑高层化以及管理智能化，使得设备设施管理在各种不确定性因素影响下带来的管理风险日趋增大，这些风险主要是由于项目建造中存在的"固有瑕疵"、管理不当以及自然灾害等因素造成。企业面对风险或突发事件时，应能做到合理防范、应对及时、处置得当，争取把风险损失降低到最低限度。

二、物业设备设施风险管理的实施

物业设备设施风险的管理一般可以按以下简要步骤进行：风险识别—风险评估—风险处理—风险监控。

1. 风险识别

风险识别：识别物业设备设施管理中的风险因素及其来源。

（1）风险的来源。风险按其来源有内在风险和外在风险。内在风险是指能加以控制和影响的风险；外在风险是指超出管控能力和影响力之外的风险，如政府行为等。

另外，人们通常所接触到的风险来源有：技术风险，指新技术应用和技术进步使设备设施管理发生损失的可能性；市场风险，指由于市场价格的不确定性导致损失的可能性；财产风险，指与企业或个人有关的财产，面临可能的破坏、损毁以及被盗的风险；责任风险，指承担法律责任后对受损一方进行补偿而使自己蒙受损失的可能性；信用风险，指由于有关行为主体不能做到重合同、守信用而导致损失的可能性。

（2）风险识别方法。对于风险识别方法，一般可利用已有的经验进行类推比较；也可以利用鱼骨图识别出风险因素（鱼骨图又称因果图，此处不做详细介绍，如需要可参阅其他书籍）。利用鱼骨图识别时应从以下五个方面分析：人、材料、机械（设备）、方法、环境。

1）人的技术水平、管理能力、组织能力、作业能力、控制能力、身体素质及职业道德等都会对物业设备设施的管理风险产生不同程度的影响。人的不安全因素如：

不按操作规程进行设备操作；不按要求设置警示标牌；违规焊接；不按规定参加培训；带病上岗；酒后作业；刻意破坏；私拉乱接电线，等等。

2）材料。材料这里泛指构成各类设备设施的材料、构配件、半成品等。材料风险主要体现为选用是否合理、产品是否合格、材质是否经过检验、保管使用是否得当等，都将直接影响设备设施使用功能和使用安全。

3）机械设备。机械设备可分为两类：一是指构成工程实体及配套的设备和各类机具，如电梯、水泵、通风空调设备等；二是指维修及改造过程中使用的各类机具设备，包括垂直与横向运输设备、各类操作工具、各种施工安全设施、各类测量仪器和计量器具等，简称施工机具设备。机具设备的性能是否先进稳定、操作是否方便安全等，都可能产生一定的风险，如安装质量造成的电梯导轨垂直度误差过大、设备选型功率过小（或过大）、化粪池井盖松动不严实等。

4）方法。对于物业设备设施管理，作业方法包括技术方案和组织方案。运行操作是否正确，维护保养方案、更新改造方案是否科学合理，都可能形成相应风险。如由于对新材料、新工艺、新方法的应用不恰当，造成某大厦地下室吊顶里的热水供应管道接头脱落跑水造成了较大经济损失。

5）环境。环境因素包括：工程作业环境，如防护设施、通风照明等；工程管理环境，如组织体制及管理制度等；工程技术环境，如水文、气象等；周边环境，如项目临近的地下排水管线的情况等。

2. 风险评估

风险评估：确定风险因素发生的可能性与影响程度。

风险评估的方法通常有定量、定性之分。在风险出现的可能性或影响程度难以精确定义时，应采取定性分析的方法。即对于所有风险因素发生的可能性与影响程度分别进行等级上的划分。但如果可以通过各种技术使风险出现的可能性及影响程度量化，那么就能更准确地区分出各种项目风险的轻重程度，对其采取针对性的应对方案。

3. 风险处理

风险处理就是对风险进行控制。

对风险进行控制处理的方法主要有风险回避、降低、分散、转移和风险自留。

（1）风险回避：是指主动放弃或拒绝实施可能导致风险损失的方案。回避可完全避免特定的损失风险，但回避风险的同时也放弃了获得收益的机会。

（2）风险降低：有两方面的含义，一是降低风险发生的概率；二是降低事件发生后的损失。

（3）风险分散：是指增加承受风险的单位以减轻总体风险的压力，使管理者减少风险损失。但采取这种方法的同时，也有可能同时将利润分散。

（4）风险转移：是为了避免承担风险损失，有意识地将损失转嫁给另外的单位或个人承担。如通过购买财产一切险、机器损坏险等险种来转移风险。

（5）风险自留：是项目组织者自己承担风险损失的措施。有时主动自留，有时被动自留。对于承担风险所需资金，可以通过事先建立内部意外损失基金的方法得到解决。对于以上所述的风险管理控制方法，实践中管理者可以联合使用，也可以单独使用，风险管理者要对具体问题具体分析，不可盲目使用。

4. 风险监控

风险监控：对项目风险识别、分析、处理全过程的控制和监督。

在风险管理过程中根据已制订的风险处理预案对风险事件做出回应。当变故发生时，需要重复进行风险识别、风险分析以及风险处理的一整套基本措施。还要在风险处理措施付诸实施之后进行监督，以便考核风险管理的结果是否与预期的相同。进行监督时要找出细化和改进风险管理计划的机会，并反馈给有关决策者。

在设备设施管理实践中，物业企业应针对可能存在的风险做好以下基本防范措施。

（1）抓好企业制度建设，建立健全岗位责任制，严格执行各项安全管理制度，制订各类风险应急预案。

（2）抓好员工教育培训，提高全员风险防范意识。

（3）开展风险宣传教育，规范物业使用人的使用行为。实践中要逐步培养物业使用人的风险意识，依靠"业主公约"规范其使用行为。发现使用人违规又无法制止时，应及时向政府相关主管部门报告。

（4）认真细致做好物业承接查验工作，争取把建造过程中存在的问题消除在使用之前。

（5）引入市场化的风险分担机制。对于较大的危害风险，在资源允许的情况下，可采用外包或购买财产损失险、公共责任险等方式降低或转移风险。

三、物业设备设施突发事件管理

物业设备设施管理中的风险因素很多，如不能及时有效处理就有可能演变成为突发的、有负面影响的事件或灾难。

1. 突发事件的含义

突发事件是指在物业服务过程中突然发生的，有可能对物业使用人、物业服务企业、公众或环境产生危害，需要采取必要果断措施处理的事件。

2. 突发事件的特性

（1）具有极大的偶然性和突发性。

（2）发生原因及发展变化的复杂性。

（3）可能演变成极大危害。

（4）损失和危害可以用科学的手段予以降低。

3. 突发事件的处理原则

（1）按照预先制订的处理预案实施处理，尽可能地控制事态的扩大和蔓延，把损失和危害降低到最低限度。

（2）以解救人员安全为第一，保障财产安全为第二。

（3）处理突发事件的人员应及时果断，不消极回避。

（4）处理突发事件应有统一现场指挥调度。

（5）应随事件发展过程的变化灵活掌握预案的实施。

（6）处理事件应以不造成新的更大损失为前提。

4. 突发事件的处理要求

（1）突发事件发生后，物业服务企业相关部门领导人及相关人员应及时到达事件现场。

（2）有领导、有组织地采取对应预案实施处理。

（3）加强事件处理中相关组织部门及人员间的沟通与联络。

（4）涉及公共利益的紧急事件，应由专人向外界发布信息，避免外界干扰并影响事件的正常处理。

（5）对重大突发事件，应注意保护现场以利于相关部门调查。

（6）事件处理完毕后，应进行总结、分析、改进，提高企业处理紧急事件的能力。

（7）将事件的发生、处理过程及产生的后果，向相关上级组织报告。

5. 应急预案的编制

物业设备设施管理的典型应急预案主要有：故障停水应急处理预案；浸水、漏水应急处理预案；故障停电应急处理预案；监控、防盗系统故障应急处理预案；燃气泄漏应急处理预案；火警、火灾应急处理预案；电梯关入应急处理预案；自然灾害（地震、暴雨、大风、雷击、流行性疾病等）应急处理预案等。

应急预案编制的核心内容一般包括：对紧急情况或事故及其后果进行预测、辨识和评估；制订应急救援各方组织的详细职责并落实责任人；制定应急处理中的组织措施和技术措施；应急处理行动的指挥与协调；应急处理中可用的人员、设备、设施、物资、经费保障和其他资源，包括社会和外部资源等；在紧急情况或事故发生时保护好生命、财产和环境安全的措施；现场恢复；应急培训和演练；其他，如法律法规的要求等。

第二章 给水、排水系统

给水、排水系统是为人们的生活、生产和消防提供用水和排除废水的设施的总称。他是人类文明进步和城市化聚集居住的产物，是现代化城市最重要的基础设施之一，是城市社会和经济发展现代化水平的重要标志。

第一节 园区给水、排水系统

水作为人类赖以生存的物质，是人类不可或缺的资源，园区的生存和发展乃至整个城市的生存和发展都必须依靠它的存在和支持。因此，对水资源进行合理的开发和利用是保证经济实现持续性发展的最基本要素，实现使用之水用之可取、排之无污染的发展目标。随着园区建设的不断推进和发展，园区间的水已不再处于孤立状态，而是将园区各个子系统连成一个巨大的系统。因此，给排水规划对于园区发展有着极大的作用。

一、给水工程规划

给水工程规划是规划设计系列的重要内容和成果之一，与用地规划、道路工程规划、排水工程规划、绿化专项规划、环保专项规划等互为依托和支撑。给水工程规划应该与总体规划保持一致，主要涉及水源地的选择、用水量的预测、给水系统布局规划、给水管网规划、中水利用等。给水工程规划应严格按照《给水工程规划规范》（GB50282—98）的相关要求进行规划编制，同时要根据园区的发展进行不断修正和完善。

（一）给水工程规划的重要性分析

1.给水工程规划是解决水资源供需矛盾的重要手段

随着我国经济的快速发展，城市化进程的不断推进，城市人口的愈发增长，我国城市水资源供不应求的趋势日益显现。因此，必须对给排水进行有效的规划，防止水资源的浪费，以达到有效节制水资源，极力保护水资源无污染的发展目标。

2. 给水工程规划是提升人口用水质量的有效保证

随着人们生活质量的提升，生活节奏的加快，人们对饮用水的质量和要求不断提高。为了提升人们的生活质量，保障人们的人身健康，必须对给水进行有效规划，以确保水的安全供给，提升水的质量，保证水的无污染，促进人们合理、健康饮水。

3. 给水工程规划是节约水资源的有效措施

目前中水作为一种新的城市水源正在被人们日益重视，尤其在水资源较缺乏的城市及园区，中水利用显得尤为重要。随着园区经济建设和中水利用技术的发展，今后应积极扩大中水使用范围，完善中水供应设施，提高城市污水回用率。

（二）给水工程规划的难点及存在问题

随着经济的蓬勃发展、科学技术的不断进步，园区功能结构的不断完善，及工业用水条件的改变，给水工程规划过程中的某些细节原则很难合理把握。目前，给水工程规划原有的相关规范和工作方法已很难适应新形势的发展，规划由此暴露出诸多难点和问题。

1. 给水工程规划的难点

难点之一：合理选择给水水源问题

合理选择给水水源是给水工程规划首先要解决的问题。通常情况下，给水工程规划必须首先掌握现有的水源情况，然后在此基础上进行科学预测。然而，实际上，在现状水源基础上，预测若干年后的用水需求及水源变化情况是存在一定困难的。因此，水源地选择成为给水工程规划的重点难题之一。

给水工程规划必须收集工程地质、水文地质、水文分析、水质化验、勘察测量等大量基础资料，在此基础上进行技术经济的比较分析。同时，给水工程规划要求在图纸中标出管道位置、走向及具体的管径。然而，在规划中，管径也只是根据不同性质用地估算出管道的管径以及沿线用水量，进而进行流量的分配和管网的平差，而相关的净水方案由于管道铺设的不合理，无法做出最正确的选择。同时，水源井及水源地的位置也难以做出正确的设置。

难点之二：供水需求量的计算是否合理

工程供水规划关键点还在于供水需求量的预测，所以供水参数的选择要在遵循《供水工程技术规范》(SI310—2004)的基础上，根据园区的实际发展情况进行合理的调整，以确保供水需求预测量的合理。

2. 给水工程规划存在的问题

给排水规划固然重要，但在其规划过程中仍存在诸如规划措施不当、方法不适、规划理念不先进等规划难题，影响了规划的实施效果。给水工程规划得不到有效实施，进一步影响了供水的质量及排水的有效处理，概括来看给水工程规划主要存在以下几个重要问题：

（1）指标体系和规范不能满足现代给水工程规划的发展需求。

当前，给水工程规划在进行用水量的预测时，由于近年来随着水环境的不断恶化、园区的不断发展壮大、城市规模的急剧扩大与供水基础设施的建设带空间的矛盾日益突出。因此，各种用水规范和指标已经不能适应当前园区发展的实际需求，亟须调整。

（2）给水工程规划缺乏区域性考虑。

我国虽然是一个水资源大国，但各地水量分布极不均匀，加上供水建设带后于城市规模发展和人民生活水平提高的速度，该类问题在园区也表现得十分突出，加之给水工程在区域上缺乏合作协调，缺乏区域上的合作，更多的给水工程规划是就规划区论规划，缺乏区域性的统筹考虑，进一步造成水资源的浪费或供水设施的重复建设。

（三）给水工程规划的相关技术要求

给水工程规划要达到一定的技术要求，这就要求在规划给水工程时，要切实做到以下几点：

1. 规划编制依据、规划范围和时限

规划编制依据一般包括工业给水规划的相关规范、规定和标准以及城市总体规划、城市道路规划、环保专项规划、防洪专项规划及近期建设专项规划等专项规划，这些是编制给水工程规划必不可少的技术依据。同时，给水规划范围和期限一般要与相应的总体规划或控制性详细规划保持同步和一致。

2. 规划编制基础技术资料

通常情况下，给水工程规划编制基础性技术资料包括城市概况、水源情况、给水现状、城市总体规划概况、环保等专项规划概况，以及流域水污染防治规划概况等。其中，工业给水现状还需进一步了解园区的基本概况，及现有供水管网的分布状况、生产生活及市政等各类用水量状况等。

3. 规划目标、原则及内容

（1）给水工程规划的基本目标。

给水工程规划应该以城市总体规划和其他相关专项规划为基础，以建立布局合理、安全经济的园区供水系统为保障，以满足园区居民生活、工业生产需求为最终目的，以实现园区乃至整个城市经济的可持续发展。

（2）给水工程规划的基本原则。

给水工程规划应遵循开源节流、经济适用、安全可靠、保证水资源可持续利用等基本原则，以实现经济的循环、绿色发展。

（3）给水工程规划的基本内容。

一是对园区给水现状进行深入调研分析，预测园区的用水量，并对园区内已有水厂的运行情况与取水用水特点进行研究，在规划上确定第二供水水源，分析水资源与城市用水量之间的供需平衡。

二是选择园区供水水源，并提出相应的供水系统布置框架。

三是根据园区发展布局及用地规划、城市地形，确定供水重要设施的位置和用地，建立供水模型，进行水力优化计算，计算干管管径，规划布置主干管网系统。

四是根据水源水质变化情况，确定自来水水质目标。

五是提出水源保护、水资源保护及开源节流的要求和措施，制订水源应急预案，确保园区用水不受污染。

六是给水工程近期建设要求。

二、排水工程规划

（一）排水工程的含义

排水工程是指把排出室外的生活污水、生产废水及雨水按一定系统组织起来，经过污水处理，达到排放标准后，再排入天然水体。室外排水系统包括窨井、排水管网、污水泵站及污水处理和污水排放口等。

室外排水系统通常分为合流制和分流制两种。合流制是将各种污水汇流到一套管网中排放，其缺点是当雨季排水量大时，不可能全部处理。分流制是将各种污水分别排除，它的优点是有利于污水处理和利用，管道的水力条件较好，管道系统可分期修建。

（二）规划原则

（1）应妥善、科学地进行城市污水收集、排放流域的划分。园区排水工程设施规划要结合园区规划，从全局出发，统筹安排，使园区排水工程成为园区有机整体的重要组成部分。

（2）全面规划，合理布局，应有利于水环境的保护和水质的改善。应该把园区集中饮用水源地的保护放在首要位置。改善河道水质状况，维持河道的景观观瞻，在规划时应考虑"上下游结合"的原则。

（3）对于缺水地区，应考虑污水及污泥的资源化，考虑处理水的再利用。如补给河道和湖泊，供公园浇花灌草，利用中水灌溉农田，或做工厂冷却水或工艺用水等。下水污泥做堆肥或制有机肥，供农作物及花卉、庭院之用。

（4）建立合理、完善的园区排水系统，有计划地兴建城市污水处理厂。要及时、快速、安全地收集和排放暴雨径流量与大量积雪，有效地收集、输送、处理、排放污水，确保城市正常的生产和生活秩序。

（5）充分考虑现状，尽量利用和发挥原有排水设施的作用，使新规划排水系统与原有排水系统合理的有机结合。

（6）与园区道路规划、地下设施规划、竖向规划、环境保护规划、防灾规划等专业规划密切配合，相互协调，处理好与其他地下管线的矛盾，有利于管线综合利用。

（7）应考虑城市下水道系统和城市污水处理厂的远景发展，如新技术新工艺的应用，净化水的循环利用，污泥资源的综合利用等。

（8）考虑尽可能降低工程的总造价和经常性运行管理费用，节省投资。

以上方面为排水工程规划中应考虑的一般原则。在实际工程中，应针对具体情况，提出一些补充规定与要求。规划中要分清主次，使方案合理、经济、实用。

（三）排水体制

1. 排水体制分类

对生活污水、工业废水和降水径流采取的汇集方式，称为排水体制，也称排水制度。按汇集方式可分为分流制和合流制两种基本类型。

（1）合流制排水系统。

合流制排水系统是将生活污水、工业废水和雨水径流汇集在一个管渠内予以输送、处理和排放。按照其产生的次序及对污水处理的程度不同，合流制排水系统可分为直排式合流制、截流式合流制和全处理式合流制。

生活污水与雨水径流不经任何处理直接排入附近水体的合流制，称为直排式合流制排水系统。国内外老城区的合流制排水系统均属于此类。

截流式合流制是在直排式合流制的基础上，修建沿河截流干管，并在适当的位置设置溢流井，在截流主干管（渠）的末端修建污水处理厂。该系统可以保证晴天的污水全部进入污水处理厂，在雨季时，通过截流设施，截流式合流制排水系统可以汇集部分雨水（尤其是污染重的初期雨水径流）至污水处理厂。但另一方面雨量过大，混合污水量超过了截流管的设计流量，超出部分将溢流到城市河道，不可避免会对水体造成局部和短期污染。并且，进入处理厂的污水，由于混有大量雨水，使原有水质、水量波动较大，势必对污水处理厂各处理单元产生冲击，这就对污水处理厂处理工艺提出了更高的要求。

在雨量较小且对水体体制要求较高的地区，可以采用完全合流制。将生活污水、工业废水和降水径流全部送到污水处理厂处理后排放。这种方式对环境水质的污染最小，但对污水处理厂处理能力的要求高，并且需要大量的投资和运行费用。

（2）分流制排水系统。

当生活污水、工业废水和雨水用两个或两个以上排水管渠排除时，才称为分流制排水系统。

其中排除生活污水、工业废水的系统称为污水排水系统；排除雨水的系统称为雨水排水系统。根据排除雨水方式的不同，又分为完全分流制、不完全分流制和截流式分流制。

完全分流制排水系统分设污水和雨水两个管渠系统，前者汇集生活污水、工业废水送至处理厂，经处理后排放或加以利用。后者通过各种排水设施汇集城市内的雨水和部分工业废水（较洁净），就近排入水体，但初期雨水未经处理直接排放到水体后，将对水体造成污染。

近年来，对雨水径流的水质调查发现，雨水径流特别是初降雨水径流对水体的污染相当严重，因此提出对雨水径流也要严格控制的截流式分流制排水系统。截流式分流制既有污水排水系统，又有雨水排水系统，与完全分流制的不同之处是它具有把初期雨水引入污水管道的特殊设施，称雨水截流井。小雨时，雨水经初期雨水截流干管与污水一起进入污水处理厂处理；大雨时，雨水跳跃截流干管经雨水管排入水体。截流式分流制的关键是初期雨水截流井，它要保证初期雨水能进入截流管，而中期以后的雨水能直接排入水体，同时截流井中的污水不能溢出泄入水体。截流式分流制可以较好地保护水体不受污染。由于仅接纳污水和初期雨水，截流管的断面小于截流式合流制，进入截流管内的流量和水质相对稳定，亦减少污水泵站和污水处理厂的运行管理费用。

2. 园区排水体制的选择

园区排水体制（分流制或合流制）的选择，是园区和工业企业排水系统规划中的首要问题。因为它将直接影响园区下水道系统的布置，污水处理厂的建设规模、数目及选址、效益和费用等问题。同时，对园区和工业企业的规划和环境保护也影响深远。

排水系统体制的选择，应根据园区和工业企业规划、当地降雨情况和环境保护的要求，原有排水设施，污水处理和利用情况，地形和水体条件，排水系统工程总投资和初期投资费用以及维护管理费用等综合考虑确定。对于一些已有合流制下水道的老园区，改造有困难的，可选用部分分流、部分合流下水道系统。在附近有水量充沛的河流或近海，发展又受到限制的地区，在老园区街道较窄，地下设施较多，修建雨水和污水两条管线有困难的地区，或在干旱、半干旱地区，可将雨、污水全部处理的地区等，规划设计可以考虑合流制。新建地区的排水系统一般采用分流制。

3. 污水处理设施建设

（1）污水处理厂的用地要求。

1）污水处理厂用地要求比较完整，最好有适当坡度地段，以满足污水在处理流程上自流要求。用地形状最宜长方形，以利于按污水处理流程布置构筑物。

2）污水处理厂不宜设在雨季容易被淹没的低洼之处。靠近水体的污水处理厂，厂址标高一般应在二十年一遇洪水位以上，不受洪水威胁。

3）污水处理厂宜在地质条件较好、无滑坡等特殊地质现象、土壤承载力较好的地方。要求地下水位低，方便施工。

4）污水处理厂用地宜靠近公路及河流，水陆交通方便，利于污泥运输。处理后出水可就近排入水体，以减少排放管的长度。厂址处要有水、电供应，最好是双电源。此外，要求厂址用地基建清理简便，不拆迁或少拆迁旧房及其他障碍物。

（2）污水处理厂的处理工艺选择及排放标准。

1）处理工艺选择。

污水处理厂的工艺选择应根据原水水质、出水要求、污水处理厂规模，污泥处置方法及当地温度、工程地质、征地费用、电价等因素作慎重考虑。污水处理的每项工艺技术都有其优点、特点、适用条件和不足之处，不可能以一种工艺代替其他一切工艺，也不宜离开当地的具体条件和我国国情。同样的工艺，在不同的进水和出水条件下，取用不同的设计参数，设备的选型并不是一成不变的。

具体工程的选择要求包括：

①技术合理。技术先进而成熟，对水质变化适应性强，出水达标且稳定性高，污泥易于处理。②经济节能。耗电小，造价低，占地少。③易于管理。操作管理方便，设备可靠。④重视环境。厂区平面布置与周围环境相协调，注意厂内噪声控制和臭气的治理，绿化、道路与分期建设结合好。

2）污水排放标准。

为了保护水体，必须严格控制排入水体的污水水质。通常污水在泄入水体前，须经处理，以减少或消除污水对水体的污染。

为保护水体而制定的一系列规程标准，是作为向水体排放污水时确定处理程度的依据。规程和标准既要保障天然水体的功能；又要使天然水体的自净能力得以充分利用，以降低污水处理的费用。

处理后的废水排人地面水系，水质应满足《地表水环境质量标准（GB3838—002）和《污水综合排放标准》（GB8978—96）中的有关规定。处理后的废水用于农田灌溉，水质应达到《淄溉农田水质标准》（GB5054—2005）。处理后的废水排入海洋，水质应满足《海水水质标准》（GB3097—1997）。处理后回用水除国家标准外，各地方和部门根据水体用途不同，制订地方标准。

第二节　热水供应系统

一、热水供应系统的分类

室内热水供应系统是水的加热、储存和配送的总称，主要任务是满足建筑内人们在生产和生活中对热水的需求。热水供应系统按供水区域范围的大小可分为局部热水供应系统、集中热水供应系统和区域热水供应系统。其中，集中热水供应系统最为常见。

二、热水供应系统的组成

建筑室内热水供应系统中，集中热水供应系统应用较为普遍，其系统一般由第一循环系统、第二循环系统、附件三部分组成。

（1）第一循环系统（热水制备系统）。由热源、水加热器和热媒管网组成，又称为热媒系统。锅炉生产的蒸汽（或过热水）通过热媒管网输送到水加热器，经散热面加热冷水。蒸汽经过热交换变成凝结水，靠余压经疏水器流至凝结水箱，凝结水和新补充的冷水经冷凝水循环泵再送回锅炉生产蒸汽。如此循环完成水的加热过程。

（2）第二循环系统（热水供应系统）。由热水配水管网和加水管网组成。被加热到预定要求温度的热水，从水加热器出口经配水箱或给水管网。为满足各热水配水点随时都有符合要求温度的热水，在立管和水平干管甚至配水支管上设置回水管，使一定量的管网送至各个热水配水点，而水加热器所需冷水来源于高位热水在配水管网和回水管网中流动，以补偿配水管网所散失的热量，避免热水温度的降低。

（3）附件。包括温度自动调节器、疏水器、减压阀、安全阀、膨胀罐（箱）、管道自动补偿器、闸阀、水嘴及自动排气器等。

三、热水水温、水质

1. 水温

（1）热水使用温度。生活用热水水温应满足生活使用的各种需要，当设计一个热水供应系统时，应先确定出最不利配水点的热水最低水温，使其与冷水混合达到生活用热水的水温要求，并以此作为设计计算的参数，生产用热水水温应根据工艺要求确定。

（2）热水供应温度。热水锅炉或水加热器出口的水温确定。水温偏低，满足不了需要；水温过高，会使热水系统的设备、管道结垢加剧，且易产生烫伤、积尘、热散失增加等问题。热水锅炉或水加热器出口的水温与系统最不利配水点的水温差，称为温降值，一般为 5 度 ~15 度，用作热水供应系统配水管网的热散失。温降值的选用应根据系统的大小，保温材料的不同，进行经济技术比较后确定。

2. 水质

（1）热水的水质要求。生活用热水的水质应符合我国现行国家标准《生活饮用水卫生标准》（GB5749—2006）的规定。生产用热水的水质应根据生产工艺要求确定。

（2）集中热水供应系统被加热水的水质要求。水在加热后钙镁离子受热析出，在设备和管道内结垢，水中的溶解氧也会析出，加速金属管材、设备的腐蚀。因此，集中热水供应系统的被加热水，应根据水量、水质、使用要求、工程投资、管理制度及设备维修和设备折旧率计算标准等因素，来确定是否需要进行水质处理。

目前，在集中热水供应系统中常采用电子除垢器、静电除垢器、超强磁水器等处理装置。这些装置体积小、性能可靠、使用方便。除氧装置也在一些用水量大的高级建筑中采用。

四、热水的加热方式和供应方式

1. 热水加热方式

根据热水加热方式的不同，可分为直接加热方式和间接加热方式：

（1）直接加热方式。直接加热方式是利用燃气、燃油、燃煤为燃料的热水锅炉，将冷水直接加热到所需热水温度，或将蒸汽或高温水通过穿孔管或喷射器直接与冷水接触混合制备热水，又称一次换热方式。这种加热方式设备简单、热效率高、节能。但使用蒸汽加热时，噪声大，冷凝水不能回收造成水资源浪费，并要定期向锅炉补充预先软化的水，而且蒸汽的质量要求也比较高，致使制水成本较高。这种方式适用于对噪声无特别要求的公共浴室、洗衣房等建筑。

（2）间接加热方式。也称二次加热方式，是利用热媒通过水加热器将热量间接传递给冷水，将冷水加热到设计温度。由于在热水加热过程中，热媒和冷水不直接接触，故称为间接加热方式。间接加热方式噪声小，被加热水不会造成污染，运行安全稳定。其适用于要求供水安全稳定、噪声低的旅馆、住宅、医院、办公楼等建筑。

2. 热水供应方式

（1）开式和闭式。按管网压力工况特点，热水供应方式可分为开式和闭式两种。

1）开式热水供应方式：在热水管网顶部设有水箱，其设置高度由系统所需压力经计算确定，管网与大气相通，开式热水供应方式一般用于用户对水压要求稳定，室外给水管网水压波动较大的条件。

2）闭式热水供应方式：管理简单，水质不易受外界污染，但安全阀易失灵，安全可靠性较差。

（2）不循环、半循环、全循环方式。按照热水供应系统是否设置回水管道，热水供应方式可分为不循环、半循环、全循环热水供应方式。

1）不循环热水供应方式：系统中热水配水管网的水平干管、立管、配水支管都不设任何循环管道。不循环热水供应方式一般应用于小型系统，使用要求不高的定时供应系统和公共浴室、洗衣房等连续用水的建筑中。

2）半循环热水供应方式：系统中只在热水配水管网的水平干管上设置循环管道。半循环热水供应方式一般应用于设有全日供应热水的建筑和定时供应热水的建筑中。

3）全循环热水供应方式：系统中热水配水管网的水平干管、立管甚至配水支管都设有循环管道该系统设循环水泵，用水时不存在使用前放水和等待时间。全循环热水供应方式常用于高级宾馆、饭店、高级住宅等高标准建筑中。

（3）同程式、异程式。在全循环热水供应方式中，各循环管路长度可布置成相等或不相等的方式，故又可分为同程式和异程式。

1）同程式热水供应方式：每一个热水循环环路长度相同，对应管段管径相同，所有环路的水头损失相同。

2）异程式热水供应方式：每一个热水循环环路长度各不相同，对应管段的管径不相同，所有环路的水头损失也不相同。

（4）自然循环、机械循环方式。根据循环动力不同，热水供应可分为自然循环和机械循环方式。

1）自然循环方式：利用配水管和回水管中水的温差所形成的压力差，使管网维持一定的循环流量，以补偿配水管道热损失，保证用户对水温的要求。自然循环适用于规模小、用户对水温要求不严格的系统。

2）机械循环方式：在回水干管上设循环水泵，强制一定量的水在管网中循环，以补偿配水管道热损失，保证用户对热水温度的要求。机械循环适用于大、中型，且用户对热水温度要求严格的热水供应系统。

（5）全日供应、定时供应方式。根据供应的时间，热水供应可分为全日供应和定时供应方式。

1）全日供应方式：热水供应系统管网中在全天任何时刻都维持不低于循环流量的水量进行循环，热水配水管网全天任何时刻都可配水，并保证水温。

2）定时供应方式：热水供应系统每天定时配水，其余时间系统停止运行，该方式在集中使用前，利用循环水泵将管网中已冷却的水强制循环加热，只有达到规定水温时才可使用。两种不同的方式在循环水泵选型计算和运行管理上都有所不同。

热水的加热方式和热水的供应方式是按不同的标准进行分类的，实际应用时要根据现有条件和要求进行优化组合。

五、加热设备

热水供应系统中，把将冷水加热为预计所需温度的热水所采用的设备称为加热设备。热水供应系统的加热方式有一次换热（直接加热）和二次换热（间接加热）两种方式。一次换热是热源将常温水通过一次性热交换达到所需温度的热水，其主要加热设备有燃气热水器、电热水器及燃煤（燃油、燃气）热水锅炉等；二次换热是热源第一次先生产出热媒（饱和蒸汽或高温热水），热媒再通过换热器进行第二次热交换，加热设备具体有燃煤热水锅炉、燃油（燃气）热水机组、电加热器、容积式水加热器、快速式水加热器、半容积式水加热器、半即热式水加热器和太阳能热水器等。

1. 燃煤热水锅炉

集中热水供应系统采用的小型燃煤锅炉有卧式和立式两类。卧式锅炉有外燃回水管、内燃回火管（兰开夏锅炉）、快装卧式内燃等类型。

2. 燃油（燃气）热水机组

燃油（燃气）热水机组体积小，燃烧器工作全部自动化，烟气导向合理，燃烧完全，烟气和被加热水的流程使传热充分，热效率可高达 90% 以上，供水系统简单，排污总量少且管理方便。

3. 电加热器

常用的电加热器有快速式电加热器和容积式电加热器。

4. 容积式水加热器

容积式水加热器是一种间接加热设备，内部设有换热管束并具有一定储热容积，既可加热冷水又能储备热水。其常采用的热媒为饱和蒸汽或高温水，有立式和卧式之分。其优点是具有较大的储存和调节能力，可替代高位热水箱的部分作用，被加热水流速低，压力损失小，出水压力平稳，出水水温较为稳定，供水较安全。其缺点是传热系数小，热交换效率较低，体积庞大，在散热管束下方的常温储存水中会产生军团菌等。

5. 快速式水加热器

在快速式水加热器中，热媒与冷水通过较高流速流动，进行紊流加热，提高热媒对管壁、管壁对被加热水的传热系数，以改善传热效果。根据采用热媒的不同，快速式水加热器有汽—水（蒸汽和冷水）、水—水（高温水和冷水）两种类型。根据加热导管的构造不同，又可分为单管式、多管式、板式、管壳式、波纹板式、螺旋板式等多种形式。

6. 半容积式水加热器

带有适量储存和调节容积的内藏式容积式水加热器，其储热水罐与快速换热器隔离，被加热水在快速换热器内迅速加热后进入储热水罐，当管网中热水用水量小于设计用水量时，有部分热水流入罐底重新加热。

7. 半即热式水加热器

半即热式水加热器是带有超温控制，具有少量储存容积的快速式水加热器。它的特点是传热系数大，能快速加热被加热水，可自动除垢，体积小，热水出水温度一般能控制在 ±2.2 内。半即热式水加热器一般用于机械循环热水供应系统。

8. 太阳能热水器

（1）太阳能热水器的特点。太阳能热水器是将太阳能转换成热能并将水加热的绿色环保装置。其结构简单，维护方便，安全，节省燃料，运行费用低，不污染环境。但受自然条件（如天气、季节、地理位置）的影响比较大。为解决这个问题，个别厂家在太阳能热水器上加装了电加热辅助装置，使其能够全天候运行。这种热水器的应用越来越广泛。

（2）太阳能热水器的工作原理。太阳能热水器是一个光热转换器，真空管是太阳能热水器的核心，结构如同一个拉长的暖瓶胆，内、外层之间为真空。在内玻璃管的表面上利用特种工艺涂有光谱选择性吸收涂层，最大限度地吸收太阳辐射能。经阳光照射，光子撞击涂层，太阳能转化成热能，水从涂层外吸热，水温升高，密度减小，热水向上运动，而比重大的冷水下降。热水始终位于上部，即水箱中，太阳能热水器中热水的升温情况与外界温度关系不大，主要取决于光照。

（3）太阳能热水器的结构。太阳能热水器主要由集热器、储热水箱、反射板、支架、循环管、冷水给水（上水）管、热水（下水）管、泄水管等组成，集热器是太阳能热水器的核心部分，由真空集热管和反射板构成。目前，采用双层高硼硅真空集热管为集热元件，采用优质进口镜面不锈钢板为反射板。保温水箱由内胆、保温层、水箱外壳三部分组成。水箱内胆是储存热水的重要部分，市场上有不锈钢、搪瓷等材质。目前较好的保温方式是进口聚氨酯整体自动化发泡工艺保温。外壳一般为彩钢板、镀铝锌板或不锈钢板。

在冬季寒冷地区或日照条件有限的地方，太阳能热水供应系统可以配备辅助加热设备，即在储水箱内装设电热器或与燃气热水器并联，以保障太阳能热水供应系统的使用稳定性。当太阳能充足时，应尽量用太阳能，以节约常规能源。

（4）太阳能热水供应通常有自然循环式热水系统和强制循环式热水系统两种形式。

1）自然循环式热水系统。它是利用水本身温度梯度的不同所产生的密度差，使水在集热器与储水箱之间进行循环，因此，又称热虹吸循环式热水器。这种热水供应系统结构简单，运行可靠，不需要附加能源，适合家庭和中、小型热水泵系统使用。

2）强制循环式热水系统。它是在自然循环基础上增设加压泵，加强传热工质的循环，适合大型热水泵系统。强制循环可以提高传热效率，充分发挥太阳能集热器的作用。

（5）太阳能热水器的安装及维护。太阳能热水器通常布置在平屋顶、顶层阁楼上，倾角合适时也可设在坡屋顶上。对于家庭用集热器，也可利用向阳晒台栏杆和墙面设置。安装时应注意支架的固定、热水管材的选择、基础的防水处理、防雷措施等的处理。

太阳能热水供应系统日常维护的主要项目有：经常巡视检查，做好运行记录，作为备查资料；根据当地环境条件定期除尘，保证系统获得最佳集热效果；根据当地的水质和系统情况，定期清理系统中的水垢并做好系统的防锈处理；入冬前检查系统管路的保温情况；及时更换系统中失效的真空集热管；在阴雨天使用热水器时，注意关掉电加热，以防水箱水位过低后电加热干烧；为保证压力传感器导管中的水在北方高寒地区的冬季不结冰，应在外界环境温度达到零摄氏度以下时最后一个人使用热水后立刻手动上水，即在低温环境下尽量保持热水器满水，以防止压力传感器结冰；热水器需要与大气相通，切勿堵塞通气孔，否则会影响热水出水效果。

加热设备应根据使用特点、热源、维护管理及卫生防菌等因素选择，具备热效率高、换热效果好、节能、燃料燃烧安全、消烟除尘、机组水套通大气、自动控制温度、火焰传感及自动报警等功能，要考虑节省设备用房，附属设备简单、水头损失小，有利于整个系统冷热水的平衡，以及构造简单、安全可靠、操作维修方便等。

六、饮用水供应系统

（一）饮用水供应系统的类型

饮用水供应系统的类型主要有开水供应系统、冷饮用水供应系统和饮用净水供应系统。开水供应系统多用于办公楼、旅馆、学生宿舍和军营等建筑；冷饮用水供应系统用于大型商场、娱乐场所和工矿企业的生产车间等；饮用净水供应系统多用于高级住宅。采用何种饮用水供应系统类型，主要依据人们的生活习惯和建筑物的性质及使用要求。

（二）饮用水标准

各种饮水水质必须符合我国现行国家标准《生活饮用水卫生标准》（GB5749—

2006）的规定。饮用水温度的要求如下：

（1）开水：水烧至100℃并持续3min，计算温度采用100℃。

（2）温水：计算温度采用50℃~55℃。

（3）生水：一般为10℃~30℃。

（4）冷饮水：国内除工矿企业夏季劳保供应和高级饭店外，较少采用。目前，多数宾馆直接为客人提供瓶装矿泉水等饮用水。

（三）饮用水制备

1. 开水制备

开水可通过开水炉将自来水烧开制得，这是一种直接加热方式，常采用的热源为燃煤、燃油、燃气和电等；另一种方法是利用热媒间接加热制备开水。目前，在办公楼、科研楼、实验室等建筑中，常采用小型电开水器，灵活方便，可随时满足需求。有的设备可同时制备开水和冷饮用水，较好地满足了由气候变化引起的人们的不同需求，使用前景较好。

2. 冷饮用水制备

冷饮用水的品种较多，其制备有以下几种方法：

（1）自来水烧开后再冷却至饮用水温度。

（2）自来水经净化处理后，再经水加热器加热至饮用水温度。

（3）自来水经净化后直接供给用户或用水点。

（4）取自地下深部循环的地下水。

（5）蒸馏水是通过水加热汽化，再将蒸汽冷凝制备的。

（6）饮用净水是通过对水的深度处理来制取的。

（7）活性水是用电场、超声波、磁力或激光等将水活化制备的。

（8）将自来水进行过滤、吸附、离子交换、电离和灭菌等处理，分离出碱性离子水供饮用。

（四）饮用水的供应方式

（1）开水集中制备集中供应。在开水间集中制备，用容器取水饮用。

（2）开水统一热源分散制备分散供应。在建筑中把热媒输送至每层，再在每层设开水间制备开水。

（3）开水集中制备分散供应。在开水间统一制备开水，通过管道输送至开水取水点，系统对管道材质要求较高，常用耐腐蚀、符合食品级卫生要求的不锈钢管、铜管等管材，保证水质不受污染。

（4）冷饮用水集中制备分散供应。将自来水进行过滤或消毒处理集中制备，通过管道输送至用水点。这种供应方式适用于中、小学，体育场（馆），车站及码头等人员集中的公共场所。

第三节　楼宇屋面雨水排水系统

降落在屋面的雨水和冰雪融化水，尤其是暴雨，会在短时间内形成积水，为了不造成屋面漏水和四处溢流，需要对屋面积水进行有组织、迅速和及时地排除。坡屋面一般为檐口散排，平屋面则需设置屋面雨水排水系统。根据建筑物的类型、建筑结构形式屋面面积、当地气候条件等要求，屋面雨水排水系统可分为多种类型。

一、外排水系统

（一）外排水系统的分类及构造

外排水雨水排水系统是指屋面有雨水斗，建筑内部没有雨水管道的雨水排放形式。外排水系统又可分为檐沟外排水系统和天沟外排水系统。

檐沟外排水系统又称为普通外排水系统或水落管外排水系统，它由檐沟和水落管组成，如降落在屋面的雨水由檐沟汇水，然后流入雨水斗，经连接管至承水斗和外立管（雨落管、水落管），排至地面或雨水口。檐沟外排水系统适用于普通住宅、一般公共建筑和小型单跨厂房。

天沟外排水系统由天沟、雨水斗和排水立管组成，

天沟设置在屋面的两跨中间并坡向端墙，排水立管连接雨水斗洞外墙布置。降落到屋面的雨水沿坡向天沟的屋面汇集到天沟，沿天沟流至建筑物两端（山墙、女儿墙）进入雨水斗，经立管排到地面或雨水井。天沟的排水断面形式根据屋面的情况而定，一般多为矩形和梯形，适用于长度不超过 100m 的多跨工业厂房。

（二）外排水系统的布置与敷设

屋面雨水外排水系统中都应设置雨水斗。雨水斗是一种专用装置，常用型号有 65 型、79 型和 87 型，常用规格为 75mm、100mm、150mm，有平箅形和柱球形两种。柱球形雨水斗有整流格栅，主要起整流作用，避免排水过程中形成过大的旋涡而吸入大量的空气，可迅速排除屋面雨水，同时拦截树叶等杂物。阳台、花台、供人们活动的屋面及窗井处，采用平箅形雨水斗；檐沟和天沟内常采用柱球形雨水斗。

1.檐沟外排水系统

檐沟外排水系统属于重力流形式，由檐沟、雨水斗和水落管组成。常采用重力流排水形雨水斗。在同一个建筑屋面，雨水排水立管不少于2根。排水立管应采用UPVC排水塑料管和排水铸铁管，最小管径可用DN75，下游管段管径不得小于上游管段管径，距离地面以上1m处须设置检查口并固定在建筑物的外墙上。

2.长天沟外排水系统

长天沟外排水系统属于单斗压力流形式，由天沟雨水斗和排水立管组成。雨水斗应采用压力流排水型，设置在伸出山墙的天沟末端。排水立管可采用UPVC承压塑料管和承压铸铁管，最小管径可用DN100，下游管段管径不得小于上游管段管径，距离地面以上1m处设置检查口，排水立管固定应牢固。

天沟应以建筑物伸缩缝或沉降缝为屋面分水线，设置在其两侧。天沟连续长度应小于50m，坡度太小易积水，太大会增加天沟起端屋顶垫层，一般采用不大于0.003且不小于0.006的坡度。斗前天沟深度不小于100mm；天沟不宜过宽，以满足雨水斗安装尺寸为宜。天沟断面多为矩形和梯形，为能顺利排除超出重现期降雨量的降雨，天沟端部应设有溢流口，天沟端部应设有溢流口，溢流口比天沟上檐低50~100mm

二、内排水系统

（一）内排水系统的分类及构造

内排水系统是屋面设有雨水斗、室内排水设有雨水管道的雨水排水系统。内排水系统常用于跨度大、特别长的多跨工业厂房，及屋面设天沟有困难的壳形屋面、锯齿形屋面、有天窗的厂房。建筑立面要求高的高层建筑、大屋面建筑和寒冷地区的建筑，不允许在外墙设置雨水立管时，也应考虑采用内排水形式。内排水系统可分为单斗排水系统和多斗排水系统，敞开式内排水系统和密闭式内排水系统。

（1）单斗排水系统一般不设悬吊管，雨水经雨水斗流入室内的雨水排水立管排至室外雨水管渠。

（2）多斗排水系统中设有悬吊管，雨水由多个雨水斗流入悬吊管，再经雨水排水立管排至室外雨水管渠。

（3）敞开式内排水系统。雨水经排出管进入室内普通检查井，属于重力流排水系统。其特点是：因雨水排水中负压抽吸会夹带大量的空气，若设计和施工不当，突降暴雨时会出现检查井冒水现象，但可接纳与雨水性质相近的生产废水。

（4）密闭式内排水系统。雨水经排出管进入用密闭的三通连接的室内埋地管，属于压力排水系统。其特点是：当雨水排泄不畅时，室内不会发生冒水现象，但不能接纳生产废水。对于室内不允许出现冒水的建筑，一般宜采用密闭式排水系统。

（二）内排水系统的布置与敷设

内排水系统由天沟、雨水斗、连接管、悬吊管、立管、排出管、埋地干管和检查井组成。降落到屋面的雨水，由屋面汇水流入雨水斗，经连接管、悬吊管、立管、排出管流入雨水检查井，或经埋地干管排至室外雨水管道。重力流排水系统的多层建筑宜采用建筑排水塑料管，高层建筑和压力流雨水管道宜采用承压塑料管和金属管。

单斗或多斗系统可按重力流或压力流设计，大屋面工业厂房和公共建筑宜按多斗压力流设计。雨水斗设置间距应经计算确定，并应考虑建筑结构，沿墙、梁、柱布置，便于固定管道。雨水斗的造型与外排水系统相同。

多斗重力流和多斗压力流排水系统雨水斗的横向间距可采用 12~24m，纵向间距可采用 6~12m。当采用多斗排水系统时，同一雨水斗应在同一水平面上，且一根悬吊管上的雨水斗不宜多于 4 个，最好对称布置，雨水斗不能设在排水立管顶端。

内排水系统采用的管材与外排水系统相同，而工业厂房屋面雨水排水管道也可采用焊接钢管，但其内、外壁应做防腐处理。

1. 敞开式内排水系统

敞开式内排水系统中的连接管是上部连接雨水斗、下部连接悬吊管的一段竖向短管，其管径一般与雨水斗相同，且大于等于 100mm。连接管应牢靠的固定在建筑物的承重结构上，下端宜采用顺水连通管件与悬吊管相连接。为防止因建筑物层间位移、高层建筑管道伸缩造成雨水斗周围屋面被破坏，在雨水斗连接管下应设置补偿装置，一般宜采用橡胶短管或承插式柔性接口；悬吊管是上部与连接管、下部与排水立管相连接的管段，通常是顺梁或屋架布置的架空横向管道，其管径按重力流和压力流计算确定，但应大于或等于连接管径，且不小于 300mm，坡度不小于 0.005。连接管与悬吊管、悬吊管与立管之间的连接管件采用 45°或 90°斜三通为宜。悬吊管端部和长度大于 15m 时，应在悬吊管上设置检查口或带法兰的三通，其位置宜靠近墙柱，以利于操作。雨水排水立管承接经悬吊管或雨水斗流来的雨水，1 根立管连接的悬吊管根数不多于 2 根，立管管径应经水力计算确定，但不得小于上游管段管径。同一建筑，雨水排水立管不应少于 2 根，高跨雨水流至低跨时，应采用立管引流，防止对屋面的冲刷。立管宜沿墙柱设置，牢靠固定，并在距地面 1m 处设置检查口；埋地管敷设于室内地下，承接雨水立管的雨水并排至室外，埋地管最小管径为 200mm，最大不超过 600mm，常用混凝土管或钢筋混凝土管。在埋地管转弯、变径、变坡、管道汇合连接处和长度超过 30m 的直线管段上均应设检查井，检查井井深应不小于 0.7m，井内管顶平接，并做高出管顶 200mm 的高流槽。

为了有效分离出雨水排除时吸入的大量空气，避免敞开式内排水系统埋地管系统上检查井冒水，应在埋地管起端几个检查井与排出管之间设排气井，使排出管排出的雨水流入排气井后与溢流墙碰撞消能，流速大幅度下降，使得气水分离，水再经整流格栅后平稳排出，分离出的气体经放气管排放到一定空间。

2. 密闭式内排水系统

密闭式内排水系统由天沟、雨水斗、连接管、悬吊管、雨水立管、埋地管组成，其设计选型、布置和敷设与敞开式相同。密闭式内排水系统属于压力流，不设排气井，埋地管上检查口设在检查井内，即检查口井。

三、重力流排水系统

重力流排水系统可承接管系统排水能力范围不同标高的雨水排水。檐沟外排水系统、敞开式内排水系统和高层建筑屋面雨水管系统都宜按重力流排水系统设计。重力流排水系统应采用重力流排水型雨水斗，雨水排放依靠重力自流，水流夹带空气进入整个雨水排水系统，其排水负荷和状态应符合要求。

四、压力流排水系统

压力流（虹吸式）排水系统，通过专用的雨水斗（虹吸式雨水斗、压力流雨水斗）和管道系统将雨水充分汇集到排水管中，排水管中的空气被完全排空，雨水自由下落时管道内产生负压，使雨水的下落达到最大的流速和流量。单斗压力流排水系统应采用 65 型和 79 型雨水斗；多斗压力流排水系统应采用多斗压力流排水型雨水斗，其排水负荷和状态应符合表的要求。压力流排水系统广泛应用于大型厂房、展览馆、机场、运动场、高层裙房等跨度大、结构复杂的屋面。

五、混合式排水系统

大型工业厂房的屋面形式复杂，为了及时有效地排除屋面雨水，往往同一建筑物采用几种不同形式的雨水排水系统，分别设置在屋面的不同部位，组成屋面雨水混合式排水系统。

第四节　室内给水、排水系统

我国的经济建设不断加快，经济科技实力的不断上升，有力地推动了城市化发展进程，市政工程也变得更加重要，而市政工程中给排水管道施工直接关乎居民的日常生活，成了市政工程中的重点项目。本章介绍了室内给排水管道敷设与安装。

一、室内给水系统

（一）给水管道敷设

1. 建筑给水系统的分类与组成

（1）建筑给水系统的分类。

给水系统按照其用途可分为三类：

1）生活给水系统。生活给水系统是供人们生活饮用、烹饪、盥洗、洗涤、沐浴等日常用水的给水系统。其水质必须符合国家规定的《生活饮用水卫生标准》。

2）生产给水系统。生活给水系统是供给各类产品生产过程中所需用水的给水系统。生产用水对水质、水量、水压的要求随生产工艺要求的不同有较大的差异。

3）消防给水系统。消防给水系统是给各类消防设备扑灭火灾用水的给水系统。消防用水对水质的要求不高，但必须按照建筑设计防火规范保证供应足够的水量和水压。上述三类基本给水系统可以独立设置，也可根据各类用水对水质、水量、水压、水温的不同要求，结合室外给水系统的实际情况，经技术经济比较，或兼顾社会、经济技术、环境等因素的综合考虑，组成不同的共用给水系统。

（2）给水系统的组成。

一般情况下，建筑给水系统由下列各部分组成。

1）水源。指室外给水管网供水或自备水源。

2）引入管。对于单体建筑，引入管是由室外给水管网引入建筑内管网的管段。

3）水表节点。水表节点是安装在引入管上的水表及其前后设置的阀门和泄水装置的总称。水表用以计量该幢建筑的总用水量。水表前后的阀门用于水表检修、拆换时关闭管路，水表节点一般设在水表井中。

4）给水管网。给水管网是指由建筑内水平干管立管和支管组成的管道系统。

5）配水装置与附件。配水装置与附件是指配水龙头、消火栓、喷头与各类阀门（控制阀、减压阀、止回阀等）。

6）增压和贮水设备。当室外给水管网的水量、水压不能满足建筑用水要求，或建筑内对供水可靠性、水压稳定性有较高要求时，以及在高层建筑中需要设置增压和贮水设备。如水泵、气压给水装置、水池、水箱等。

7）给水局部处理设施。当用户对给水水质的要求超出我国现行生活饮用水卫生标准或其他原因造成水质不能满足要求时，就需要设置一些设备、构筑物进行给水深度处理。

2. 给水管道敷设的要求

（1）满足最佳水力条件。

1）给水管道布置应力求短而直。

2）为充分利用室外给水管网中的水压，给水引入管宜布设在用水量最大处或不允许间断供水处。

3）室内给水干管宜靠近用水量最大处或不允许间断供水处。

（2）满足维修及美观要求。

1）管道应尽量沿墙、梁、柱直线敷设。

2）对美观要求较高的建筑物，给水管道可在管槽、管井、管沟及吊顶内暗设。

3）为便于检修，管井应每层设检修门。暗设在顶棚或管槽内的管道，在阀门处应留有检修门。

4）室内管道安装位置应有足够的空间以利拆换附件。

5）给水引入管应有不小于0.003的坡度坡向室外给水管网或坡向阀门井、水表井，以便检修时排放存水。

（3）保证生产及使用安全。

1）给水管道的位置，不得妨碍生产操作、交通运输和建筑物的使用。

2）给水管道不得布置在遇水能引起燃烧、爆炸或损坏原料、产品和设备的上面，并应尽量避免在生产设备上面通过。

3）给水管道不得穿过商店的橱窗、民用建筑的壁橱及木装修等。

4）对不允许断水的车间及建筑物，给水引入管应设置两条，在室内连成环状或贯通枝状双向供水。

5）对设置两根引入管的建筑物，应从室外环网的不同侧引入。如不可能且又不允许间断供水时，应采取下列保证安全供水措施之一：

①没贮水池或贮水箱。

②有条件时，利用循环给水系统。

③由环网的同侧引入，但两根引入管的间距不得小于10M，并在接点间的室外给水管道上设置闸门。

（二）给水管道防护

为了保证给水管道在较长时限内正常使用，除应加强维护管理外，在布置和敷设过程中还需要采取以下防护措施。

1. 防腐

无论是明设或者暗设的金属管道，都要采取防腐措施。通常防腐的做法首先对管道除锈，使之露出金属本体光泽，然后在管外壁刷防腐涂料。明设的焊接钢管和铸铁管外刷防锈漆一道；银粉面漆两道；镀锌钢管外刷银粉面漆两道；暗设和入地管道均要刷沥青漆两道；防腐层应采用具有耐压强、良好的防水性、绝缘性和化学稳定性，能与保护管道牢固粘结且无毒的材料。

2. 防冻、防露

对设在最低温度低于 0℃ 以下场所的给水管道和设备，如寒冷地区屋顶水箱、冬季不采暖的房间，地下厅，过道等处的管道，应当在涂刷底漆后对保温层进行保温防冻，保温层的外壳应密封防渗。

在环境温度较高、空气温度较大的房间（如厨房、洗衣房、某些生产车间），当管道内水温低于环境温度时，管道及设备的外壁可能产生凝结水，会引起管道或设备腐蚀，影响使用及环境卫生，导致建筑装饰物和室内物品受到损害，必须采取防结露措施，防结露保温层的计算和构造按照现行的《设备及管道制冷技术通则》执行。

二、室内排水系统

（一）管道安装的一般规定

1. 建筑给排水管道安装施工的具体流程

开展建筑给排水安装施工，需要遵循以下流程：

（1）提前熟悉掌握给排水管道安装施工各项要求和技术。

（2）严格按照设计图纸和相关标准，开展测量放线工作，对沟槽进行开挖作业，操作中也要对孔洞进行预留，并做好相应预埋工作。

（3）根据给排水管道安装施工需要，对各种类型管件进行制作，根据具体设计要求对管道支架进行安装。

（4）对接给排水管道和安装自控仪表。

（5）完成安装施工工作以后及时开展测试工作，在达到施工标准要求以后，对管道进行清理。

2. 建筑给排水管道安装施工技术要点分析

（1）给排水预埋。

在完成测量放线、管沟开挖、管道位置校对等工作以后，就可以进行给排水预埋，实际操作中给水管道需要穿过屋面、墙面等位置，涉及的内容有冷水管道、消防管道等，并且要保障管道使用寿命，还需要对钢管套进行安装，开展穿墙施工作业时，要尽可能地保证套管两端与墙面处于同一位置，在穿过楼板以后也要与下部保持齐平。同时，针对有防水需求的建筑，还要对地面与管道之间的距离进行严格控制，最低不能小于50mm，保证套管环缝均匀分布，并落实好封堵、防火和防腐工作。

（2）排水管道安装

对排水管道进行安装施工，需要注意的要点有：

1）排水管道安装要先对出户管进行安装，然后再对排水立管、排水支管等进行安装，针对排水塑料管，需要对伸缩节进行加装，特别是在排水立管存在分支情况下，需要在分支下方进行伸缩节安装。

2）对室内排水管道、水平管和立管进行连接，可以采用三通450、斜三通900和四通450安装方式，并且要注意在立管的每一层设置检查口，若存在立管穿楼板情况，还要劝阻火圈进行设置，并使用金属螺丝进行固定安装。

3）针对排水通气管，在安装施工时不能将之与风道、烟道等进行连接，伸顶通气管高度位置若有门窗，就需要将引向无门窗的一侧。

4）针对安装在室内的雨水管道，在完成施工以后，需要对其开展灌水试验，并在达到灌水高度以后，观察管道有无渗漏情况，以及时优化调整。

3. 应注意的质量问题

（1）预制好的管段弯曲或断裂。原因是直管堆放未垫实，或暴晒。

（2）接口处外观不清洁，美观。粘接后外溢粘接对应及时除掉。

（3）粘接口漏水。原因是粘接剂涂刷不均匀，或粘接处未处理干净。

（4）地漏安装过高过低，影响使用。原因是地平线未找准。

（5）立管穿楼板处渗水。原因是立管穿楼板处没有做防水处理。

（二）室内管道安装步骤

1. 工程概况

根据设计图纸试验配套区工程给排水系统由12个单体组成，另包括试验配套区外的单体。室内给水管道采用PP-R管道，热熔连接，室内排水管道采用UPVC管，粘接连接。

2. 施工顺序

给排水管道安装施工顺序为：从下向上进行施工。

3. 施工准备

操作方法：班组在施工过程中，按设计图纸的要求、技术变更通知书、给排水安装工程施工及验收规范、质量检验评定标准等要求进行施工。

安全注意事项：施工人员必须严格遵守国家安全劳动保护法，所有进入施工现场人员，要接受安全教育、防火教育，学习安全法规，并做好记录。

自检记录：施工班组生产的产品，要依据设计图、施工规范、质量检验评定标准进行自检，并写明工作部位，以便施工员复检，自检记录由施工班组长交施工员存档。

限额领料：班组应限额领料，以控制材料浪费。

4.PP-R 给水管安装

（1）施工准备。

给水管道安装工程正式施工前，施工人员首先要熟悉图纸，进行技术交底和材料准备，重点解决图纸中存在的问题，同时组织施工人员、机具和材料进场。在土建主体施工时，由于本工程生活楼楼板大部分为现浇，因此要特别注意各种套管的预留及预埋件的预埋，进行严格的技术复核，并及时办理隐蔽手续。在浇筑混凝土时，安装应派专人负责值班，及时解决现场出现的问题。

（2）管材、管件质量要求。

管材、管件的颜色应一致，无色泽不均及分解变色线。其内外壁应光滑、平整，无气泡、裂口、脱皮和明显的痕纹、凹陷等，并应有材质证明资料。管材不得有异常弯曲，管口端面必须平整，并垂直于轴线。

（3）管道安装前详细根据卫生间大样图绘制加工草图，按图编号预制加工。

管材、管件连接为热熔方式连接，其步骤如下：

1）根据需要管材长度下料：DN32 以下用切管器，DN32 以上用锯条切断，其断面平整光滑与管轴垂直，用记录笔在需加热的管上画出需要插入的长度，清除管子及管件上的异物。

2）加热管材及管件：将模具置于热熔器上，热熔器通电，指示灯熄灭，将管子和管材缓慢水平推入热熔器的模具内加热，DN20、DN15 的管材由于太软，加热时须插入金属管支撑，以防止管材插入过深形成弯曲，加热完毕将其拉出。

（4）连接管件和管材：把已加热的管材和管件水平推进连接，注意推进速度不能太快，以防止出现熔瘤，若连接不正，可及时调整，然后自然冷却，冷却后管子和管件连接完毕。管支架设置管支架采用角钢作骨架，管道用塑料扣座固定在支架上，支架的焊接设置应牢固，支架切割、开孔应采用机械加工（无塑料扣座则应用粘胶带包扎管卡位置再加管卡固定）。

（5）管道安装，将预粘好的管道运至现场组装，明装管子按图安装，暗装的支管敷设在墙槽内，按照卫生器具的位置预留管口，并临时封堵。管道安装必须在墙壁抹灰前完成，并按规范做水压试验，检查严密性。

（6）如阀门、管配件为铜、钢等丝扣件时，管 PP-R 配件也必须为 PP-R 丝扣件，丝扣连接时先用胶布卷，PP-R 的配件及铜、钢丝扣件再用专用密封胶带包扎十至十五卷拧紧。

（7）管道试压合格后，方可进行卫生器具的安装及配管。

5. 安全文明施工交底

（1）进入施工现场前，应首先检查施工现场及周围环境是否达到安全要求，安全设施是否完好，及时消除危险隐患后，再进行施工。

（2）施工现场各种设备、材料及废弃物要码放整齐，有条不紊，保持道路畅通。对施工中出现的预留较大的孔洞等隐患处，应及时设置防护栏杆或防护标志。

（3）用梯、凳、脚手架等登高作业时，要保证架设工具的稳固，下边应有人扶牢，下层人员应戴好安全帽。

（4）打楼板眼时，下层应有人看护，严禁将工具等从孔中掉落至下一层。

（5）用绳索拉或人抬预制立管就位时，要检查绳索是否稳固，要抬稳扶牢，固定管要牢固可靠，及时采取固定措施，防止管从高空坠落。

（6）施焊时要严格遵守安全防护措施，认真配备安全附属设备。

（7）现场作业必须戴安全帽，高空作业时系好安全带。在吊车臂回转范围内行走时，应戴好安全帽，随时注意有无重物起吊，严禁在起重物铅垂线下方走动。

（8）在支架上安装管子时，先把管子固定好再接口，防止管子滑脱砸伤人。

（9）试压过程中若发现异常应立即停止试压，紧急情况下，应立即放尽管内的水。

（10）冲洗水的排放管，接至可靠的排水井或排水沟里，保证排泄畅通和安全。

（11）电焊机应做好保护措施，并有漏电保护器。

（12）操作现场不得有明火，不得存放易燃易爆液体。

（13）手持式电动工具的负荷线必须采用耐磨型橡皮护套铜芯软电缆，并且中间不得有接头。

（14）高空焊接或切割时，焊件周围和下方应配备灭火器。

（15）乙炔瓶氧气瓶和焊炬间的距离不得小于规范要求，否则应采取隔离措施。

（16）氧气瓶应与其他易燃气瓶、油脂和其他易燃易爆物品分别存放，也不得同车运输。氧气、乙炔瓶应有防震圈和安全帽，应平放不得倒置，不得在强烈日光下暴晒，严禁用行车或吊车运。

（17）所有机械设备、电动工具进场前需验收合格后方可使用。

（18）现场需动火必须办理动火证，动火点必须配置灭火器，有专人监护。

（19）现场临时用电应有现场电工负责配电，一级箱、二级箱严禁非专业人员操作。每天下班前必须断开用电设备机具电源，做到人离机停。

（20）每天施工完后做到落手清，保持施工现场干净、整洁。

（21）施工人员进场前必须进行安全教育，安全交底，进出场佩戴出入证。

（22）进入现场必须遵守安全生产六大纪律，严格遵守"十不烧"规程。

（23）焊机外壳，必须接地良好，其电源的装拆应由电工进行。

（24）电焊机要设单独开关，开关应放在防雨的闸箱内，拉合时应戴好绝缘手套，侧向操作。电焊机必须配置二次空载降压保护器。

（25）焊钳与把线必须绝缘良好，连接牢固，更换焊条应戴手套。在潮湿地点工作，应站在绝缘胶板或木板上。

（26）严禁在带压力的容器或管道上施焊，焊接设备时必须先切断电源。

（27）把线、地线，禁止与钢丝绳接触，更不得用钢丝绳或机电设备代替零线。所有地线接头，必须连接牢固。

（28）更换场地移动把线时，应切断电源，并不得用手持把线爬梯登高。

（29）清除焊渣，应戴防护眼镜或面罩，防止铁渣飞溅伤人。

（30）如遇雨天无防护措施时，应停止露天焊接作业。

（31）施焊场地周围应清除易燃、易爆物品，或进行覆盖、隔离。

（32）工作结束时，应切断电源，并检查操作地点，确认无起火危险后，方可离开。

第五节　物业给水、排水系统管理与维护

一、物业给水、排水系统管理

（一）物业给水、排水系统管理范围

1.物业给水系统管理范围

供水管线与设备设施管理、维修范围的界定应实行业主、物业管理单位、供水单位三方分段负责制。

（1）业主职责。从单元供水立管三通开始到用户总阀门、水表及终端部位应由业主负责管理。当这些部位出现漏水或损坏时，应由业主自行维修或实行有偿维修。由此造成相邻房屋损坏或影响使用的，应积极主动维修。

（2）物业管理单位职责。从水泵房输出总阀门至各单元供水管线与立管，应由物业管理单位负责管理。

（3）供水单位职责。从供水主干线至水泵房（含水泵房设备设施、水箱）输出总阀门（含总阀门）应由供水单位负责管理。当该段供水干线或设备设施出现漏水或损坏时，应由供水单位负责维修，其费用由供水单位解决。

2. 物业排水系统管理范围

排水管道管理及维修范围的界定实行业主、物业管理单位、排水单位三方分段负责制。

（1）业主职责。从下水立管三通开始至地漏、坐便器、洗手盆、洗菜盆等部位应由业主负责管理。当这些部位出现漏水或损坏时，应由业主自行维修或实行有偿维修。由此造成相邻房屋损坏或影响使用的，应积极主动维修。

（2）物业管理单位职责。从单元下水立管至小区排水管道（雨水排放管道）、窨井、化粪池应由物业管理单位负责管理。当该段排水管道发生堵塞或外溢时，应由物业管理单位负责维修。

（3）市政部门职责。化粪池以外的排水管道和窨井应由市政部门负责管理，当该段管道和窨井发生堵塞或外溢时，应由市政部门负责维修，其维修费用由市政部门自行解决。

（二）物业给水、排水系统管理制度

（1）水泵及泵房保养操作制度。

（2）水箱清洁操作制度。

（3）确保正常供水的供水管理规定。

（4）档案资料管理制度。

（5）其他规章制度，包括岗位责任制和奖罚制度、定期检查制度、巡回检查制度、登记报修制度及检修、运行资料保存制度等。

（6）定期进行宣传教育活动的有关规定。

（三）物业服务企业检查和维护项目

物业服务企业必须从接管时就执行国家的有关规定，仔细验收，严格检查给水、排水系统是否满足要求。检查，维护项目一般包括以下几个方面：

（1）楼板、墙壁、地面等处有无积水、滴水等异常情况。

（2）给水排水管道、阀门是否严密，有无漏水情况等。

（3）对给水排水管道、水泵、水表、水箱、水池等进行经常性维护和定期检查。

（4）露于空间的管道及设备必须定期检查，防腐材料脱落的，应补刷防腐材料。

（5）每年对使用设备进行一次使用试验。

（6）冬季对管道和设备进行保温工作，防止管道等被冻坏。

（7）对用户普及使用常识，正常使用给水排水设备。

（四）验收接管制度

物业服务企业在接管物业时，应对建筑给水设备进行检查验收，在验收中应注意以下几项要求：

（1）验收按国家标准《建筑给水排水及采暖工程施工质量验收规范》（GB50242—2002）执行。

（2）接管验收工作要有验收报告（包括工程地点，开竣工时间，设计、施工及接管单位，设备概况，工程竣工图纸），验收完成后各类资料应交给接管单位。

（3）管道应安装牢固，控制部件启闭灵活、无滴漏。水压试验及保温、防腐措施必须符合《建筑给水排水及采暖工程施工质量验收规范》（GB50242—2002）的规定。

（4）卫生器具质量好，接口不得渗漏，安装平整牢固、部件齐全。

（5）消防设备必须符合《建筑设计防火规范（2018年版）》（GB50016—2014）的规定，并且有消防部门的检验合格证。

（6）要有设备试运行记录和水压试验记录。

（7）凡新接管的住宅中给水设备不合格者，一律不能进住，也不能验收接管，必须加以解决后才能考虑入住。

二、物业给水、排水系统维护保养周期及项目

物业给水、排水系统维护保养周期及项目包括以下内容。

1.月度维护保养

月度维护保养项目如下：

（1）卫生间和茶水间的公共设施：检修天花板、洗手盆、小便器、蹲厕、坐厕、水龙头、洗手液盒、纸卷盒、干手器等。

（2）给水排水泵：检查手动/自动运行状况、工作指示灯、水泵密封、减速箱油位、泵房照明。

（3）记录减压阀压力：上端压力、下端压力、调校偏差的下端压力。

（4）调整水龙头、手动冲洗阀的出水量。

2.季度维护保养

季度维护保养项目如下：

（1）给水排水泵：清洁管道、泵房、控制电箱；测试水泵故障自动转换；检查泵房和设备是否完好。

（2）减压阀：清洁管道，检查泵房和设备是否完好。

3. 半年维护保养

半年维护保养项目如下：

（1）给水排水泵：检查水泵轴承运行有无异响；测试电源故障、水泵故障、水位溢流中控室报警显示。

（2）粪池：粪池、管道和阀门除锈、刷漆。

（3）设备层：给水排水闸阀螺杆加润滑油。

4. 年度维护保养

年度维护保养项目如下：

（1）给水排水泵：控制箱接线口进线、电动机紧线、检测运行电流。水泵轴承上黄油。

（2）减压阀：清洗减压阀、隔滤网。

（3）水泵、减压阀和管道除锈、刷漆。

（4）给水排水设备：水泵、管道、阀门除锈、刷漆。

三、物业给水、排水系统设备间运行环境要求

1. 生活水泵房

（1）生活水泵房内不准放置杂物；正常照明良好，并有应急灯装置。

（2）门扇为外开防火门，地面做好防滑、防水处理。

（3）水泵基座应高于地面，基座周围应有通至地漏或集水井的排水明沟。

（4）生活水泵房内管道应喷上防腐油漆，并用箭头标明水流方向。阀门应挂有耐用材料做成的标志牌，标志牌应标明该阀门正常工作时的应处状态。

（5）水泵的泵体、电动机外壳支架和水泵的电源箱柜）或控制柜的保护油漆面应保持良好，不应有锈蚀，但电动机的表面油漆不宜加厚，避免造成散热不良。

2. 减压阀房

（1）减压阀房内不准放置杂物，且照明良好。门扇为外开门，应设置不低于10cm 的防水门槛。

（2）地面做好防滑、防水处理，地面应有通至地漏的排水明沟。

（3）减压阀阀体油漆应保持良好，不得有锈蚀，并挂有耐用材料做成的标志牌。标志牌上要标明阀前压力和阀后压力等重要技术指标。在阀前或阀后压力表上应在设定值的位置用红油漆画上明显的警戒红线。

（4）减压阀房内管道应喷上防腐油漆，并标注水流方向。

3. 水表房

（1）水表房不准放置任何杂物，且照明良好。门扇完好，门前不应放置障碍物。

（2）水表房内所有阀门无漏水现象。水表尤其良好，无锈蚀。在干管管道上应喷有水流流向的箭头。

（3）水表面板无积尘土，表内数字清晰易读。

4. 楼层管井房

（1）管井照明灯具完好：管井门为外开防火门，无破损，门板油漆保持良好，门栓、门锁完好。水管井应设置不低于10cm的防水门槛。

（2）地面整洁，无杂物。管道支架上没有施工时期遗留的施工垃圾。金属管道的防腐油漆覆盖完好并有正确的分色。

（3）各类阀门完好，无漏水、锈斑。压力表数字清晰、正确。

5. 排污泵房

（1）排污泵房的集水井应有可站人的铁栅上盖。铁栅应保持油漆覆盖，不应有锈蚀。

（2）集水井内应无废胶带、木块等杂物。

（3）控制电箱整洁无尘，并能正常工作。

（4）液位控制器上不附着杂物。

（5）阀门上应挂状态标志牌。

四、物业给水、排水系统维护

1. 管道维护

管道的维护主要有防腐、防冻、防露、防漏和防振等。

（1）防腐。为延长管道的使用寿命，金属管道都要采取防腐措施。通常的防腐做法是管道除锈后，在外壁刷涂防腐材料。明装的焊接钢管和铸铁管外刷防锈漆一道，银粉面漆两道；镀锌钢管外刷银粉面漆两道；暗装和埋地管道均刷沥青漆两道。对防腐要求高的管道，应采用有足够的耐压强度，与金属有良好的粘结性及防水性、绝缘性和化学稳定性能好的材料做管道防腐层。例如，沥青防腐层就是在管道外壁刷底漆后，再刷沥青面漆，然后外包玻璃布。

（2）防冻、防露。敷设在冬季不采暖建筑物内的给水管道，以及安设在受室外空气影响的门厅、过道等处的管道，在冬季结冻时，应采取防冻结保温措施。保温材料通常宜采用管外壁缠包岩棉管壳、玻璃纤维管壳、聚乙烯泡沫管壳等材料。在采暖的卫生间及工作室温度较室外气温高的房间（如厨房、洗涤间等），空气湿度较高的季节或管道内水温较室温低的时候，管道外壁可能产生凝结水，影响使用和室内卫生，必须采取防潮隔热措施；给水管道在吊顶内、楼板下和管井内等不允许管道表面结露而滴水的部位，也应采取防潮隔热措施。防潮隔热层的材料，一般宜采用管外壁缠包

15mm厚岩棉毡带，外缠塑料布，接缝处用胶粘紧；或采用管外壁缠包20mm厚聚氨酯泡沫塑料管壳，外缠塑料布。

（3）防漏。当管道布置不当或管材质量和施工质量低劣时，就会导致管道漏水，不仅浪费水量，影响给水系统正常供水，还会损坏建筑，特别是湿陷性黄土地区，埋地管道将会造成土壤湿陷，严重影响建筑基础的稳定性。防漏措施主要是避免将管道布置在易受外力损坏的位置或采取必要的保护措施，避免其直接承受外力；要健全管理制度，加强管材质量和施工质量的检查监督。在湿陷性黄土地区，可将埋地管道敷设在防水性能良好的检漏管沟内，一旦漏水，水可沿沟排至检漏井内，便于及时发现和检修。对管径较小的管道，也可敷设在检漏套管内。

（4）防震。当管道中水流速度过大时，启、闭水龙头、阀门，易出现"水锤"现象，引起管道、附件的振动，这不但会损坏管道附件造成漏水，还会产生噪声。为防止管道的损坏和噪声的污染，在设计给水系统时应控制管道的水流速度，在系统中尽量减少使用电磁阀或速闭型水栓。住宅建筑进户管的阀门后（沿水流方向），应装设家用可曲挠橡胶接头进行隔振，并可在管支架、吊架内衬垫减振材料，以缩小噪声的扩散。

2. 水箱维护

（1）水箱清洗。根据环境和卫生部门要求,为确保水箱水质符合标准,必须定期(三个月)对水箱清洗。水箱清洗的操作要求如下。

1）清洗准备阶段。

①清洗水箱的操作人员须有卫生防疫部门核发的体检合格证。

②提前通知物业使用人以免发生不必要的误会。

③关闭双联水箱进水阀门，安排排风扇等临时排风设施、临时水泵、橡皮管，打开水箱入孔盖，用风扇连续排风，放入点燃的蜡烛不熄灭，清洗人员才可进入工作，避免发生人员窒息等事故。

2）清洗工作阶段。

①当双联水箱内的水位降低到距离水箱底部1/2或1/3时，将待洗水箱的出水阀门关闭，打开底部排污阀，同时打开另一联进水阀以确保正常供水。不允许一只水池排空清洗，另一只水池满水工作，避免因负荷不均造成水池壁受压变形。

②清洗人员从入孔处沿梯子下至水池底部，先用百洁布将水池四壁和底部擦洗干净，再用清水反复冲洗干净。

③水池顶上要有一名监护人员，负责向水池内送新风，防止清扫人员中毒，并控制另一联水池的水位。

3）清洗结束工作。

①清洗结束，应先关闭清洗水池的排污阀，再打开水池进水阀开始蓄水。

②当两个水池水位接近时，打开清洗水池的出水阀门，收好清洗工具，将水池进水盖盖上并上锁。

③通知监控室清洗结束，做好相关记录。

（2）生活水箱(池)的清洗消毒。生活水箱(池)可能会由于多种原因导致水质污染，从而达不到生活用水卫生标准，故应定期进行清洗和消毒，防止水质污染。如发现水质已受污染应及时清洗消毒。有关部门应每年对水箱进行一次水质化验，供水水质不符合国家规定标准的，由供水管理机构责令改正，并可罚款；情节严重的，经人民政府批准，责令停业整顿。

3. 水泵房维护

水泵房的维护一般应满足通风、采光、防冻、防腐、排水等基本要求。

（1）值班人员应对水泵房进行日常巡视，检查水泵、管道接头和阀门有无渗漏水。

（2）经常检查水泵控制柜的指示灯状况，观察停泵时水泵压力表指示。在正常情况下，生活水泵、消防水泵、喷淋泵、稳压泵的选择开关应置于自动位置。

（3）生活水泵规定每星期至少轮换一次，消防泵每月自动和手动操作一次，确保消防泵在事故状态下正常启动。

（4）水泵房每星期由分管负责人员至少彻底打扫一次，确保水泵房地面和设备外表的清洁。

（5）水池观察孔应加盖并上锁，钥匙由值班人员管理；透气管应用不锈钢网包扎，以防杂物掉入水池中。

（6）按照水泵保养要求定期对其进行维修保养。

（7）保证水泵房的通风、照明及应急灯在停电状态下的正常使用。

4. 水塔维护

水塔维护管理主要是定期清洗水塔内的淤泥，一般半年清洗一次。水塔的检修内容有：是否渗漏；水位指示器是否保持准确动作；管道连接口是否严密；阀门操作是否灵活，关闭是否严密，尤其是容易出现故障的浮球阀，更是注意检修的对象；对于钢板制作的水柜，检查油漆是否脱损，内外是否需要重新刷漆。

5. 储水池维护

储水池主要是加强日常管理，即定期清洗池底、池壁，保持池内干净，一般一年清洗一次。检查四壁、池底有无沉陷、裂纹和渗漏现象。对外部定期粉刷、修补，对金属构件进行刷漆防腐等。

6. 室内排水设备维护

排水系统中的排水设备主要是指卫生器具及其附件，如地漏、检查口、清扫口等。对于这些设备的养护主要从外观上进行检查，发现问题及时解决。如发现地漏在使用过程中的扣碗或箅子被拿掉，就应复原以防污物进入排水系统，造成管道堵塞，破坏水封。对于检查口和清扫口要经常养护，发现有口盖污损或螺栓、螺母锈蚀应及时进行更换或修理。

7. 屋面雨水排水系统管理

屋面雨水排水系统的管理目的是迅速排放屋面、地面积留的雨水，保证人们的正常工作和生活。为此，必须定期对雨水系统入口部位的周边环境进行检查、清洁，以保证雨水能够顺畅地流入雨水管。对屋面雨水排水系统的日常检查一般结合对小区室外排水系统的检查同时进行，类似故障的处理方法基本相同。针对屋面雨水排水系统的管理与维护的内容包括：

（1）至少每年对屋面进行一次清扫，一般是在雨期来临前，清除屋顶落水、雨水口上的积尘、污垢及杂物，并清除天沟的积尘、杂草及其他杂物，对屋面及泛水部位的青苔杂草，均应及时清除。同时，检查雨水口、落水管、雨水管支（吊）架的牢固程度。

（2）对内排水系统，要做一次通水试验，重点检查雨水管身及其接头是否漏水，并检查放气井内是否有异物。

（3）室外地面要定期冲洗，小区较大时，可进行每日冲洗。雨水口箅子及检查井井盖要完好无缺。做好宣传，制止行人、小孩随手往雨水口扔垃圾、杂物，对雨水口箅子上的杂物要随时清除。

（4）每次大雨过后，都要对小区室外雨水管道进行一次检查，清除掉入管中的杂物。另外，为便于雨水利用，屋面等处的防水材料应具低污染性。对新建构筑物宜使用瓦质、板式屋面，对已有的沥青油毡平屋面应进行技术升级，代以新型防水材料，从源头控制雨水的污染。

8. 小区排水管道维护

小区排水管道疏于养护，容易出现堵塞、流水不畅等现象。养护的重点在于定期检查和冲洗排水管道。

（1）附属构筑物及养护。在小区排水系统中，附属构筑物主要有检查井、跌落井和水封井等。

1）检查井。在管道交接和转弯、改变管径或坡度的地方均应设检查井，超过一定的直线距离也应设检查井。检查井一般采用圆形，直径在1000mm以上，以保证井口、井筒及井室的尺寸便于维护检修人员出入和提供安全保障。检查井井底应设流槽，必要时可设沉泥槽。流槽顶与管顶平接。井内流槽转弯时，其流槽中心线的弯曲半径按转角大小和管径确定，但不得小于最大管的管径。

2）跌落井。小区的排水管道和较深的市政排水管网相接时，应做跌落井，一般管道跌水大于 1m 时应设跌落井。

3）水封井。在生产污水中有产生引起爆炸的物质和引起火灾的气体时，其管道系统应设水封井。水封深度一般为 250mm。

检查井、跌落井、水封井一般采用砖砌井筒、铸铁井盖和井座，如井盖设置在草地上，井盖面应高出地面 50~100mm；井盖设置在路面上时，应与路面平。应尽量避免将井设在路面上，以便于维修和行车安全。

排水井的维护管理重点在于经常检查和保持井室构筑物完好，使井盖、井座不缺不坏，防止泥石杂物从井口进入堵塞排水管道，造成排水不畅；雨季时因井盖不严或缺损，造成大量雨水进入排水管道，使污水倒灌和淤塞；防止行人和儿童误入，保证人身安全。

对于排水井内堆积沉积的污泥要定期检查清理，以保持管道畅通。清淤工作一般与管道养护检查工作同步。暴雨过后一定要检查、清理排水和雨水管道内的淤泥及杂物。

（2）排水管线的日常养护。小区乔木树根能从管道接口处、裂缝处进入管道内吸取排水管道内的养分，生长快且粗大，在管内形成圆节状根系，使管道堵塞。在排水管道附近有树或常年生植物时，至少每半年应检查一次树根生长情况。另外，排水管道地面上部不能堆放重物或重车压碾。小区可利用室外消火栓或设冲洗专用固定水栓定期冲洗管线，至少一季度一次。

五、物业给水、排水系统故障处理

给水、排水系统在运行过程中会出现一些突发的异常情况。物业设备设施管理部门应组织经验丰富的专业技术人员及管理人员认真进行风险评价，对事故易发频发部位制定突发事件管理预案，所有专业技术人员都必须接受培训并熟知本专业预案的处理规程，以备必需之时能积极应对。最好采取事前控制的方式，通过可靠的技改方案减少风险发生的可能性。

1. 储水池满水

储水池满水的故障原因一般为蓄水池液位控制装置故障引起。处理流程如下。

（1）发现满水或接到溢流报告，应立即关掉储水池进水管的控制阀门，切断水源。

（2）启动水泵站积水坑的潜污泵排水，避免或减少泵房积水，以免机房电动机等其他设备遭到破坏。

（3）抢修或者及时更换蓄水池液位控制装置。

（4）蓄水观测，看浮球阀及水池等是否工作正常，如正常则恢复供水。

（5）做好事故记录，如有较大损失，须按公司制度规定及时上报。

2. 水泵房发生浸水

水泵房发生浸水的故障原因一般为相邻储水箱满水、水泵房内管道接口或管道破裂（极少出现）等。处理流程如下：

（1）少量积水。尽快根据漏水源查找漏水原因，如为储水池满水溢流造成，则按水池满水流程处理；如为管道破裂，则应关闭供水管道上游阀门，切断水源，通知工程部主管人员，同时尽力阻止进水，协助排水。

（2）浸水严重。

1）应立即关掉机房内运行的给水泵及电动机等设备，并拉下对应电源开关，同时启动应急排水泵排水，避免或减少设备较大损失。

2）通知工程部同班人员及主管，同时尽力阻止进水。

3）判断故障原因，根据不同原因分别采取措施。如为储水池满水溢流造成，则按水池满水流程处理；如为管道破裂，则应关闭供水管道上游阀门，切断水源，协助维修人员处理漏水源。

4）地面积水排完后，对浸水设备进行除湿处理，如用干布擦拭、热风吹干、更换相关管线等，确认电动机等设备处于安全运行状态后，试开机运行，如无异常情况即可投入运行。

5）做好事故记录，按公司制度规定及时上报。

3. 消防喷淋头意外喷水

（1）立刻取扶梯到事故层，关闭事故层喷淋供水管上阀门。

（2）立即打开相应区域内的泄水阀泄水。

（3）及时抢修或更换损坏的喷水点或喷淋头。

（4）打开刚才被关闭的喷淋供水管上阀门，观测是否恢复正常。

（5）如正常，则清除地面积水，恢复地面清洁，同时做好事故记录。

4. 水源中毒

服务区域内发现由于水源引起的中毒情况后，工程部经理应立即赶赴现场，组织人员进行应急管理。处理流程如下：

（1）迅速查找中毒原因和供水源头，停止相关区域的供水。

（2）检查生活水池是否污染，确认后，停止水泵供水，排空水池及所有供水管道内存水。

（3）对生活水池进行清洗和消毒，重新蓄水，对水质进行检验，检验合格后才能供水。

（4）检查供水管道内的水质，正常后方可供水使用。

（5）查找原因，对其他可能出现污染的区域进行检查和处理，做出处理报告。

5. 水泵房发生火灾

（1）任何员工发现火警，应立即就近取用灭火器扑灭火灾。

（2）呼叫邻近人员和消防管理中心应主管前来扑救，如有可能，须切断一切电源。

（3）消防管理中心根据预先制订的灭火方案组织灭火和对现场进行控制，拨打"119"报警，并派队员到必经路口引导。

（4）通知工程部断开相关电源，开启自动灭火、消火栓加压水泵及防排烟系统。

（5）将火扑灭后，工程部须对消防设备设施进行一次检查和清点，对已损坏的设备设施进行修复或提出补充申请，并填写有关记录、报告单。

6. 污水坑漫水

（1）使用临时应急泵向附近集水坑排水。

（2）清除周围漫溢的积水。

（3）检查水泵及电气系统。

（4）用备用水泵换掉损坏的水泵（或紧急抢修）。

7. 卫生间漫水

（1）关闭检修管井中，卫生间给水管上的供水阀。

（2）迅速清除地面积水，不让其往外漫溢。

（3）疏通马桶或地漏。

（4）清洁地面并恢复管路正常。

8. 管道漏水

（1）铸铁管管壁裂纹漏水的修复。铸铁管管壁裂纹漏水时，如果裂纹不长、漏水不严重可用铸铁焊条施以电焊补焊修复；当裂纹处在管子两端附近时，可剥开接口，割掉一段管段，加短管和接轮修复；当裂纹严重，补焊无法修复时，可更换新的管道。

（2）铸铁管承插接口漏水的修复。承插铸铁管接口漏水的修复办法与接口填料、漏水情况有关。如果原为青铅接口，只需用榔头、捻口凿在漏水附近做进一步捻实，直至不漏为止。石棉水泥接口或膨胀水泥接口漏水时，若漏水部位为小孔，在将管内存水泄掉或无压状态时，在小孔处紧贴管壁凿出一个小凹坑，再向四周扩大成扇面状，凹坑深度为承口深度的 1/3~1/2，用水将凹坑冲洗干净，再用严密性好的水泥、熟石膏、氯化钙填塞，但至少应在 24h 后通水；若漏水处为弧形状，就可按管子圆弧凿出以一个弧形槽，槽的长度较漏水缝稍长一些，深度为承口深度的 1/3~1/2，用水将槽内冲洗干净后，再用水泥、熟石膏、氯化钙拌和填塞。

（3）钢管漏水的修复。埋地给水钢管漏水的原因，一般有两种情况：一种是遭到外界机械破坏，另一种是使用时间长了因锈蚀而穿孔。对于前一种情况，只需在排除管内存水的情况下，用手工电弧焊补焊修复。若是后一种，无法用补焊的方法修复，只能安装新管道。

（4）UPVC管裂缝漏水的修复。UPVC管材通常用胶粘剂粘结或用胶圈柔性连接，目前，其常被用于公称直径 DN ≤ 200mm 的配水管道上，替代了传统的灰铸铁管及镀锌钢管。但这类管材较脆，在不均匀受力条件下容易爆管。为此，在管道施工时要保证埋设深度，对管道基础做统一处理，铺设位置要适当远离道路等振动较大的区域。处理好之后，UPVC 管一般不再需要特别的维护。若 UPVC 管破裂，应先停水，把破裂的管段割下，再采用胶水粘结法换上新管。

9. 阀门故障

小区给水管路上的阀门多为暗杆闸阀。由于小区给水管路上的阀门平时都处于开启状态，只在检修时才启闭一次，很少出现阀杆滑丝现象。较常见的故障：一是水沿阀杆漏出，这是因为填料磨损或老化、与阀杆之间接触不紧密导致的。此时，需卸掉填料压盖，取出填料环，取掉旧填料，加上符合规定的、适量的新石棉绳，再装上填料环、填料压盖即可；二是随水流带来的固体物质落入闸板槽内，长期积累，使阀门关闭不严。此时，须卸下阀门解体清洗。

10. 室外消火栓故障

室外消火栓不经常使用，故不会出现磨损故障，常见问题是接头处漏水。接头处漏水的原因主要有两个：一是法兰连接接头漏水，在拧紧螺栓无效的情况下，要拆换法兰垫片；二是填料接口漏水，多是由于消火栓受到撞击振松了填料，应剔除旧填料，重新做水泥、熟石膏、氯化钙接口或打石棉水泥接口。

11. 排水管道堵塞

（1）堵塞部位的确定。排水管道堵塞会出现两种现象：一种是某个检查井向外冒水，则该检查井下游段排水管必有堵塞；另一种是在埋设排水管的地面上及其附近有积水现象。排水管堵塞时必须清通，清通前应先查明堵塞位置，检查时从下游检查井进行。用比较长的竹劈（长约5m）从下游检查井送入排水管。根据两检查井之间的距离和竹劈送入排水管的长度来判别堵塞位置，可以直接来回抽拉竹劈，直至清通。若一节竹劈长度不够，可将几节竹劈绑接起来使用。

（2）堵塞清通方法。若堵塞点就在上游检查井附近，检查井从下游不易清通时，可将上游检查井的污水抽出，从上游检查井进入清通。

1）竹劈清通。适用于管径较大的排水管，市政和小区排水管道养护常用。

2）钢筋清通。当被堵塞的排水管道直径较小（DN100~DN250）时，宜采用钢筋清通。可将钢筋做成三种规格的清通工具：长度为 5m 以内的用直径 8mm 的钢筋，长度为 5~10m 的用直径 10mm 的钢筋，长度超过 10m 的用直径 12mm 的钢筋。钢筋伸入管子的端顶弯成小钩，弯曲程度要合适。清通时，应在下游检查井放置格栅，将堵塞物拦截取出。

3）高压水力疏通。当采用竹劈和钢筋清通无效时，可采用胶皮管水力疏通。操作时，将胶皮管的一端接上水源，然后将胶皮管的另一端捅入排水管道内，一边开启水源一边将胶管送入，一直伸到堵塞处并来回抽拉，直至清通为止。

4）开挖法。当两个检查井的距离比较大，堵塞严重，采用上述方法均无效时，就需要采用开挖法。即首先探明堵塞的大致位置，从地面挖开泥土，将排水管凿一个洞，甚至拆下一节管清通。疏通后，再用水泥砂浆把洞口补好，或更换新管。注意：须在接口填料或补洞的水泥砂浆硬凝强度达到要求后方可投入使用。若原检查井的间距较大，可考虑在开挖处设置新的检查井。

5）机械清通。采用专用的机械清通设备（如疏通机等）进行清通。

12. 排水构件反臭气

排水构件常见的反臭气原因及排除方法如下：

（1）排水构件未设存水弯或设有存水弯但水封高度不够。排除方法：建议设置或更换存水弯。

（2）通气管伸出屋面板处出现堵塞现象，导致水封失败。排除方法：建议清通通气管。

（3）排水构件的排水软管与排水系统支管往往采用承插式，在软管与支管之间存在缝隙，即使安装存水弯，臭气也会沿缝隙上返。排除方法：在维修时用玻璃胶将缝隙封闭。

（4）排水系统的通气管一般都通向室外屋顶，当遇到大风、阴天等天气时，室外气压比室内高，通气管内压力升高，管内臭气有时会透过存水弯倒灌入室内。排除方法：在维修时，要对排水通气管伸出屋面的端头做好防风帽等保护措施（无动力防风帽等）。

（5）下水管道长时间使用不清理会存在臭气。排除方法：在维修时每个月清扫一次防臭地漏内的杂物，用湿盐水倒入下水管内和地漏中，控制管道内产生微生物霉变现象。

第六节 天然雨水收集与利用

一、住宅小区雨水收集利用系统设计方案

1.雨水收集系统

在住宅小区的雨水收集系统设计中，需要对雨水设计流量，雨水收集管、格栅和整流井进行详细分析，确保符合要求。在进行雨水流量设计时，应该根据相应规范对雨水流量进行计算。在进行雨水收集管的设计过程中，应该根据计算出的雨水流量选择收集管管径，确保所选的收集管适用于住宅小区的雨水收集利用系统。雨水收集利用系统的格栅设置能够有效阻挡雨水中漂浮的杂物，避免收集管堵塞。一股采用的格栅为不锈钢提篮格栅。在雨水收集利用系统中，整流井设计是非常重要的，能够将流人整流井中的雨水进行截留并使杂质沉淀，避免雨水提升泵堵塞。一股采用的整流井为全地下式钢混结构。

2.雨水积蓄系统

在雨水收集利用系统中，来水水量是不确定的，伴随着时间的改变而改变。为了确保后续的雨水收集利用系统能够正常对雨水进行处理，减轻系统运行负荷，人们需要有效调控雨水量，在雨水收集利用系统前设置调蓄池。设置调蓄池的目的就是有效控制雨水量，该设计也应该符台相关要求。雨水积苦系统要考虑雨有效储水容积和调蓄池。在设计雨水积蓄系统的有效储水容积时，要详细分析日雨水径流总量，初期径流弃流量以及有效储水容积。根据相关规范对日雨水径流总量进行计算，确保数值的准确性。初期径流弃流量比较难以控制，因为初期雨水径流受到许多方面因素的干扰。有效储水容积是雨水积蓄系统的重要参数，必须根据相应规范准确计算。该系统的调蓄池应该选择全地下式钢筋混凝土结构，调蓄池内部设置提升水泵吸水管，通气管以及灌流管等。

3.雨水处理系统

在住宅小区的雨水收集利用系统中，雨水处理系统是非常重要的，对系统的运行有着很大的影响。设计时，人们应该根据小区的实际工程情况，合理选择雨水处理系统的设计规模，确定好系统的设计工作时间，并且选用良好的过滤工艺对雨水进行处理。在雨水处理系统中，需要将调节池中收集的雨水运送到相应的雨水处理装置中进行处理。一般利用一级提升泵来完成雨水的运送。运送到处理装置中的雨水需要进行过滤处理改善雨水质量，达到相关标准后将其流放到清水池中。同时，要利用反冲洗

水泵对雨水处理装置进行定期清洗，用于冲洗的雨水需要就近排放到住宅小区的污水井中。通常情况下，住宅小区雨水收集利用系统需要将雨水处理装置设置于建筑的单独地下室中，根据系统的具体情况选择设备的数量和类型。

4. 雨水回用系统

在雨水的回用系统设计中，需要考虑好清水池和雨水回用设施的设计。在进行清水池设计时，应该根据雨水回用系统的最高设计用水量确定清水池容积。并且准确计算出最高日设计用水量。系统设计还要考虑雨季的情况，出现无雨或者少雨情况时，应该适当扩大清水池的容积，储存更多的雨水。清水池一般采用的是钢制成品水池，并且放置在建筑的单独地下室中，人们要根据具体情况确定清水池的尺寸。雨水回用设施包括变频供水系统，二级提升泵和回用管线三部分。雨水回用系统是住宅小区雨水收集利用系统非常关键的一部分，必须加强对该系统的设计分析，确保住宅小区雨水收集利用系统能够正常运行，提高雨水利用率。

二、雨水处理工艺

1. 雨水利用水质要求

雨水处理方式往往取决于其用途，用途不同，采取的处理方式也往往不同。本项目收集到的雨水主要用作绿化浇用水、道路广场冲洗用水，综合考虑雨水性质和用水水质要求，本项目收集的雨水经雨水过滤系统处理后可满足有关用水要求。经过初期弃流沉淀过滤、净化处理后，雨水的 $CODcr \leqslant 20mg/L$，$SS \leqslant 10mg/L$。

2. 雨水收集利用系统

雨水收集回用系统一般包括以下几个步骤：收集→弃流→储存→处理水质→雨水回用。如果雨水比较干净，可以省略第二个步骤，即弃流。

汇集的雨水经弃流装置或弃流系统，用管道输送到雨水蓄水池中储存，超过设计利用标准的雨水量经溢流管排至市政用水管网中，溢水池的雨水经水质处理后输送至雨水清水池中储存，供小区的绿化浇灌道路广场冲洗。

3. 雨水弃流系统

弃流系统由分流井、弃流设备、初期过滤设备构成。本工程初期明水，包含屋面明水和地面混合水。初期雨水应弃流至雨水排水管线，对于后期水质较好，比较干净的雨水进行收集与储存后，对其进行处理和回用，能够简化后期处理工序，节约处理费用。当雨水节水池达到高水位时，应停止收集，对多余的雨水量进行弃流。安全分流井主要作为连接雨水汇集管，雨水收集管以及弃流管的装置。雨水汇集管与弃流管标高相同，均高于雨水收集管。

三、住宅小区雨水收集利用方案的效益分析

1. 经济效益

往宅小区雨水收集与利用系统的造价和运营成本较低。能够减少市政水资源供给费用，降低城市给排水管道维护费用。所以可以在建筑物使用有效期内完成投资成本的回收。此外，屋面雨水收集可以减小城市雨水径流负荷。通过诚小雨水管道、泵站设计流量，减少相应的投资和运行费用。在水资源较少的情况下，该方案有助于推动小区雨水收集和利用设备产业的发展。不仅可以使政府财政支出得到诚少，也能推动城市经济增长，能够为城市带来一定的经济效益和社会效益。当前，国家大力倡导建设海绵城市。住宅小区开展雨水收集利用，符合国家政策要求，有助于推进生态小区建设，改善城市面貌。伴随雨水收集利用产业的发展，城市经济活力将得到提升，吸引更多企业到城市投资。能够带来一定的社会效益。

2. 生态效益

伴随城市化进程的不断加快，城市居民数量不断增加，居住小区用地也不断加大，造成城市下垫面硬质化，原本渗入地下的雨水多变为地表径流被排出。与此同时，地表水所受污染日渐严重，地下水则遭到无节制开采，容易引发地面沉降，造成城市防洪能力被削弱。住宅小区雨水收集利用，可以将蓄水池截留下的雨水回灌到地下层。通过绿地等形式渗入地下，起到涵养地下水资源的作用。促进城市水循环，保护城市生态环境。

四、雨水利用发展建议

1. 加强可行性分析

在进行雨水利用项目的投资前，要对项目进行可行性分析，进一步收集城区的降雨资料，对短历时的降水情况进行分析。核算区内可收集利用的雨水资源，对雨水市场进行预测和市场保证分析。综合考虑修建雨水收集设施对周边生态、居民生活、生产的影响，同时要考虑经济上是否可行，能否大面积推广使用。确定利用范围和程度。项目建设涉及城市基础设施、雨水利用基础理论技术、政策与管理等方面。要加强项目管理。与有关部门沟通协商，将雨水利用纳人城市规划。

2. 彻底做到雨污分流

目前，我国实行的雨污合流制排水系统使原本水质较好的雨水水质变差，增加了后续雨水净化的难度。为了高效利用雨水资源，减少雨水在输送过程中的损失，各地可以因地制宜地改造雨水输送系统。实现雨污水彻底分流，分流的雨水可直接输送至净化设施。人们要根据雨水利用途径选择处理技术，或直接将雨水输送至景观用水点

（如人工湖），改善城市水环境。

3. 加大雨水利用的研究力度

现阶段我国雨水利用技术仍不完善，缺乏充分的科学分析和指导。人们要完善各个集雨面的雨水径流水质监测系统，对多次不同类型的降雨（初期雨水，后期降雨）进行水质监测。在采样地设置雨量计，计算小区下垫面的初期雨水弃流系数。将雨水水质与降雨量结合起来考虑，设计出合理的雨水处理工艺。同时，在雨水收集系统的优化、储水设施防渗材料的选择等方面，仍需要组织有关部门的科技力量，进行专题攻关。

第七节　隔油池、化粪池的清掏与污水管道疏通

一、隔油池清理

1. 溶剂萃取技术

溶剂萃取指的是向隔油池底泥中加入一定量的有机溶剂，从隔油池底泥中提取烃类物质的技术，利用的原理是烃类物质在两种互不混溶的有机溶剂中溶解度不同，烃类物质会从隔油池底泥中转移到所选用的有机溶剂中，从而达到烃类物质的回收。

该技术的关键是对有机溶剂的选择，有机溶剂要拥有能够快速稳定的萃取出隔油池底泥中的烃类物质的萃取性能，且与烃类物质有较大的沸点差异、其热稳定性好，可以通过蒸馏冷却的方式对有机溶剂与烃类物质进行分离，以达到有机溶剂的循环利用与烃类物质回收的目的。通过实验研究表明，有机溶剂通常使用是二氯甲烷、氯仿等。

2. 热解技术

热解技术是一种实用的污泥资源化处理方法，主要是含油污泥在合适的催化剂作用和反应条件下，其中的油分在高温作用下进行转化、分解后达成回收利用的目的，有效节约资源。热解法中的气体产物主要是甲烷、氢气与一氧化碳等气体，液体产物主要是隔油池底泥中原有的 C_5-C_2O、H_2O 与隔油池底泥烃类物质中的高分子胶质沥青质在高温无氧条件发生一系列的热裂解反应，转化生成的低分子链状烃类物质、水等物质，炉渣主要是泥沙颗粒物与一些残炭。

3. 微波处理技术

微波法指的是将隔油池底泥置于微波的环境中，使隔油池底泥快速均匀加热，充分破坏隔油池底泥中的乳化体系，实现油、水、固三相的分离。微波处理技术主要针对的是油含量较高的隔油池底泥。

4. 调质—机械分离技术

调质—机械分离指的是先向隔油池底泥中加入一定量的具有破乳效果的化学药剂混合搅拌，然后通过离心机来实现油、水、固三相的分离。

隔油池底泥调质—机械分离工艺流程中，化学药剂的类型与其用量的多少都会影响该工艺的除油效果。

5. 生物处理技术

生物法指的是将能够在隔油池底泥这种特殊环境中繁衍生长的特殊的微生物菌种其中，通过微生物的新陈代谢过程来分解隔油池底泥中的烃类物质，使其转化为 H_2O 和 CO_2，以达到隔油池底泥无害化的目的。目前，世界各国主要常用的是堆肥法、地耕法、生物反应器法这三种生物法。

生物法最重要的是对微生物菌种的筛选，一般的微生物很难在隔油池底泥的环境中生存，因此我们应该在烃类物质污染严重的地方中寻找能够繁荣生长的微生物菌种。生物法一般应用于低油含量的隔油池底泥。

6. 电化学氧化处理技术

电催化氧化作为高级氧化技术中的一种，与臭氧直接氧化相比，电催化氧化体系中羟基自由基（OH）的生成速率是臭氧直接氧化的 10^5 倍。几乎所有的烃类物质都能与电催化氧化过程中产生的羟基自由基发生氧化反应，故环保工作者都应聚焦于电催化氧化技术。

电化学氧化法的原理是指在电场的作用下，利用在阴阳两极上所发生的氧化还原反应来降解污染物的过程。根据反应过程的不同，通常将电化学反应分为直接氧化反应和间接氧化反应。直接氧化反应是指直接在电极表面上发生氧化反应，从而达到降解污染物的目的。因其产物的不同，可将其分为电化学转换过程和电化学燃烧过程。电化学转换过程主要是指电解时仅将难降解的有机物分解为体积较小的有机物，后再通过其他处理过程实现有机物向无机物的转化；而电化学燃烧过程，则是直接将难降解的有机物降解为 H_2O、CO_2 等无害的无机物，实现有机物向无机物的彻底转化。

间接氧化反应则是指利用电极表面产生的具有强催化活性的中间产物，并与烃类物质发生氧化或者还原反应对其进行降解处理。而这种活性中间体在反应的过程中，既可能充当着催化剂的角色，也可能是短暂出现的中间物，它们的移动速度快，易于污染物发生反应。常见的短暂中间物有羟基自由基、过氧化氢自由基、活性氯等。

二、化粪池清理

1. 化粪池清淤设计

根据现场情况对现状化粪池进行清淤，清理后的粪渣需要用移动式一体化粪渣畜力车进行脱水 40%~50%，吸粪车处理后的污水就近排入污水管道，粪渣由人工转运至渣车，粪渣通过封闭渣土车运输至粪饼厂进行晾晒压饼。

2. 粪渣处理工艺流程

施工准备→明确需清淤化粪池→现场交通疏解及其他准备→移动式一体化粪渣处理车作业→出渣→运往压饼厂。

3. 移动式一体化粪渣处理车处理原理

利用箱体内设有的垃圾处理系统，采用甩干式体系，高压自动化粪，将抽上来的污物进行脱水处理；脱水后的垃圾会通过箱体后门自动甩出；同时通过高压清洗管道功能，经设备处理后的污水达到排放标准，直接就近排入市政污水管道系统。

4. 气体防护设施

现状化粪池内含有大量有毒、有害气体，必须做好通风、排气工作，保障作业人员人身安全。作业前应开启检查井盖，进行自然通风，时间不少于 30min。对于需施工作业人员下化粪池施工作业，施工作业前需采用强制机械送、排风措施，并应连续通风，管道内机械通风的平均风速不应小于 0.8m/s。

施工作业人员下化粪池前，必须戴专业防护服、佩戴长管呼吸器、佩戴口罩、护目镜、手套等，且先用风机进行强制通风，将气体检测仪器放入化粪池内，进行有毒有害气体检测并检测水位，检测合格后方可进入操作。

5. 化粪池污水倒排设施

根据现场实际调查观测，社区夜间居民用水量最大时测算现况管道排水流量，确定导流管管径，导流管采用直径 600PE 管，强度与规格满足工程导流需要。导流时，应安排专人看管，对清淤化粪池进水口采用气囊进行封堵，在封堵上方采用水泵＋导流管进行倒流至下一个化粪池，避免在化粪池清理过程中对居民正常生活的影响。

6. 其他化粪池清淤防护设施

（1）粪渣运输防治。

化粪池清淤处理后的粪渣应及时用编织袋进行装袋后集中放置，通过密封的运输车辆将粪渣运输至指定的粪渣晾晒压饼处置场。

（2）大气污染防治。

为尽可能降低化粪池清淤粪渣异味对周边居住人员的影响，应根据相关要求，严禁粪渣裸露，及时外运粪渣，未能及时外运的应及时装袋覆盖，避免粪渣对小区及大气环境造成污染。

（3）噪声环境污染防治。

化粪池清淤基本在居民区或工业园区，居住人口密集，应合理安排施工计划和噪音小机械设备组合以及工作时间，避免在居民休息的午间和夜间安排施工车辆进出，场地进行合理布局，避免造成小区内交通拥堵，车辆进出现场禁止按喇叭鸣笛，施工设备选用噪音小尾气排放达标的设备。

（4）施工临边保护。

城中村化粪池建设年代久远，化粪池盖板及检查口基本被城市更新道路覆盖，化粪池施工时需对盖板进行破除通风，化粪池清淤施工当天完成临边防护到位，避免对城中村居民造成安全隐患。

三、污水管道疏通

我们分为一般堵塞疏通和严重堵塞疏通，一般堵塞疏通采用高压清洗车疏通，直接从下游直接疏通，严重堵塞疏通采取堵、排、疏向结合的方式进行。

1. 一般情况的堵塞疏通

一般情况下，堵塞发现及时，堵塞物品和垃圾较少，堵塞不太严重，使用高压清洗车疏通直接从下游冲洗一般能解决问题。

（1）人员设备。

人员：司机和操作手6名，安全员1名，普工5名，管理人员3名。设备：高压清洗车1台，水泵3台，装载机1台，发电机3台，自卸车3台，应急车1台，轴流通风机3台，中风压机2台，有害气体探测仪1台，钢梯2架，防毒面罩10副，氧气2袋，其他若干。

（2）工艺流程

施工准备→降水、排水→稀释淤泥→高压清洗车疏通→通风（检测）→井室、管道清淤→验收。

降水、排水：使用水泵将上游检查井内污水排出至井底淤泥，由于疏通过程用户也在产生污水，泵的选择要根据设计图纸流量和用户时间阶段选择。一般情况下，早上6：00—8：00，下午16：00—22：00为污水流量高峰期，其他时段流量较小，降水、排水施工要避开污水流量高峰期，选择流量小的时段进行。

稀释淤泥：高压水车把分段的两检查井向井室内灌水，使用疏通器搅拌检查井和污水管道内的污泥，使淤泥稀释；人工要配合机械不断地搅动淤泥直至淤泥稀释到水中。高压清洗车疏通：使用高压清洗车进行管道疏通，将高压清洗车水带伸入下游检查井底部，把喷水口背着管道流水方向对准管道进行喷水。通风：施工人员进入检查井前，井室内必需使大气中的氧气进入检查井中或用鼓风机进行换气通风，测量井室内氧气的含量，施工人员进入井内必需佩戴安全带、防毒面具及氧气罐。清淤：检查井内剩余的砖、石、部分淤泥等残留物进行人工清理，直到清理完毕为止。然后，按照上述说明对下游污水检查井逐个进行清淤，在施工清淤期间对上游首先清理的检查井进行封堵，以防上游的淤泥流入管道或下游施工期间对管道进行充水时流入上游检查井和管道中。

2.严重堵塞疏通

严重堵塞是指管道中有大量杂物，杂物质量和体积较大的砖块、混凝土块、碎片等造成污水管道长距离堵塞。只采用高压清洗车疏通往往不能解决问题，需要工人下井作业。由于污水管道在用，井下长期保持水流，污水不同时段的流量不同，导致下井作业非常困难和危险，采取堵、排、疏相结合，使堵塞段在无水的环境下作业，往往比较简单和安全。

（1）人员设备。

人员：与一般情况堵塞情况相同。设备材料：设备与一般情况堵塞情况相同，增加棉被10套，铁耙子。

（2）工艺流程。

施工准备→上游截水→降水、排水→稀释淤泥→高压清洗车疏通→通风（检测）→井室、管道清淤→上游通水→验收。上游截水：在堵塞段上游前一个检查井，用尼龙绳将棉被捆绑，尼龙绳在检查境外，棉被放入检查井，用钢管将棉被塞入污水管中，将污水截止在该检查井，尼龙绳栓在路边的树上或大石块上。降水、排水：一方面用泵在污水截止的前一个检查井抽水，不可使污水冒出路面；另一方面在污水截止的后一个检查井抽水，使堵塞段水抽干。井室、管道清淤：人工下井后用铁耙子（耙杆在检查井内分节安装）将大块杂物搂出。上游通水：用尼龙绳将棉被取出，使污水正常排放。其他流程做法与一般情况堵塞情况相同。

第三章　采暖与燃气系统

随着我国经济的高速增长和人民水平的不断提高，人们对居住的要求越来越高，采暖与燃气系统已普遍应用在我们的日常生活中，本章详细讲述了采暖与燃气的系统。

第一节　供暖采暖系统基本知识

一、供暖系统

供暖就是用人工方法向室内供给热量，使室内保持一定的温度，以创造适宜的生活条件或工作条件的技术。

供暖系统由热源（热媒制备）、热循环系统（管网或热媒输送）及散热设备（热媒利用）三个主要部分组成。

1. 系统组成

供暖系统由热源、热媒输送管道和散热设备组成。

热源：制取具有压力、温度等参数的蒸汽或热水的设备。

热媒输送管道：把热量从热源输送到热用户的管道系统。

散热设备：把热量传送给室内空气的设备。

2. 设备构成

供暖系统所涉及的设备设施很多，其中主要包括：

（1）折叠锅炉房。

锅炉房是供暖系统的热源部分，它主要由以下几部分组成：

锅炉本体：包括燃烧设备（减速箱、炉排）、各受热面（各种管道、锅筒、空气预热器、省煤器）、炉体围护结构等。

热力系统：包括水处理设备、分水定压系统、循环系统。

烟风系统：包括鼓风机、引风机、烟道、风道、除油器等。

运煤除灰系统：包括煤的破碎、筛分、输送、提升、除灰、排渣设备等。

（2）折叠室外供热热网。

室外供热管网的敷设方式主要有架空敷设和埋地敷设，埋地敷设比较常见，埋地敷设又分为通风地沟、半通风地沟、不通风地沟、直接埋地几种敷设方式，其中涉及的主要设备设施有供回水管道、各类阀件、伸缩器、支架、法兰垫、管道地沟及屋顶膨胀水箱等。

（3）折叠室内供暖系统

室内供暖系统主要是指室内的供回水管道、管路上的排气阀、伸缩器阀件、散热设备及室内地沟等。

3. 系统分类

供暖系统有很多种不同的分类方法，按照热媒的不同可以分为热水供暖系统、蒸汽供暖系统、热风采暖系统；按照热源的不同又分为热电厂供暖、区域锅炉房供暖、集中供暖三大类等。

4. 热水供暖系统的分类

（1）按系统循环动力的不同分类。

按系统循环动力的不同，热水供暖系统可分为自然循环系统和机械循环系统。靠流体的密度差进行循环的系统，称为"自然循环系统"；靠外加的机械（水泵）力循环的系统，称为"机械循环系统"。

（2）按供、回水方式的不同分类。

按供、回水方式的不同，热水供暖系统可分为单管系统和双管系统。在高层建筑热水供暖系统中，多采用单、双管混合式系统形式。

（3）按管道敷设方式的不同分类

按管道敷设方式的不同，热水供暖系统可分为垂直式系统和水平式系统。

（4）按热媒温度的不同分类

按热媒温度的不同，热水供暖系统可分为低温供暖系统（供水温度 t<100℃）和高温供暖系统（供水温度 t ≥ 100℃）。各个国家对高温水和低温水的界限，都有自己的规定。在我国，习惯认为，低于或等于100℃的热水，称为"低温水"；超过100℃的水，称为"高温水"。室内热水供暖系统大多采用低温水供暖，设计供回水温度采用95℃/70℃，高温水供暖宜在生产厂房中使用。

5. 蒸汽供暖系统的分类

按照供气压力的大小，蒸汽供暖系统分为两大类：供气的表压力（高于大气压的压力）等于或低于70kPa，属于低压蒸汽供暖系统；供气的表压力（高于大气压的压力）高于70kPa，属于高压蒸汽供暖系统。供气压力降低时，蒸汽的饱和温度也降低，凝结水的二次气化量少，运行较可靠，卫生条件也得以改善。在民用建筑中，蒸汽供暖系统的压力也尽可能低。

6. 特点

水为热媒的供暖系统的优点：其室温比较稳定，卫生条件好；可集中调节水温，便于根据室外温度变化情况调节散热量；系统使用的寿命长，一般可使用 25 年。

热水为热媒的供暖系统的缺点：采用低温热水作为热媒时，管材与散热器的耗散较多，初期投资较大；当建筑物较高时，系统的静水压力大，散热器容易产生超压现象；水的热惰性大，房间升温、降温速度较慢；热水排放不彻底时，容易发生冻裂事故。

热水供暖系统按其作用压力的不同，可分为重力循环热水供暖系统和机械循环热水供暖系统两种，机械循环热水供暖系统是用管道将锅炉、水泵和用户的散热器连接起来组成一个供暖系统。

在供暖系统中，各个散热器与管道的连接方式称为散热系统的形式。热水供暖系统中散热系统的形式可分为垂直式和水平式两大类。

（1）垂直式。

指将垂直位置相同的各个散热器用立管进行连接的方式。它按散热器与立管的连接方式又可分为单管系统和双管系统两种；按供、回水干管的布置位置和供水方向的不同，也可分为上供下回、下供下回和下供上回等几种方式。

（2）水平式。

指将同一水平位置（同一楼层）的各个散热器用一根水平管道进行连接的方式。它可分为顺序式和跨越式两种方式。顺序式的优点是结构较简单，造价低，但各散热器不能单独调节；跨越式中各散热器可独立调节，但造价较高，且传热系数较低。

水平式系统与垂直式系统相比具有如下优点。

①构造简单，经济性好。

②管路简单，无穿过各楼层的立管，施工方便。

③水平管可以敷设在顶棚或地沟内，便于隐蔽。

④便于进行分层管理和调节。

但水平式系统的排气方式要比垂直式系统复杂些，它需要在散热器上设置冷风阀分散排气，或在同层散热器上串接一根空气管集中排气。

7. 蒸汽供暖系统

蒸汽供暖系统按蒸汽压力的不同分为高压和低压两种类型。蒸汽供暖系统的特点如下所述。

①蒸汽供暖系统的散热器表面温度高。

②蒸汽供暖系统比机械循环热水供暖系统节省能源。

③蒸汽供暖系统的热惰性小。

④高压蒸汽供暖系统节省管材。

⑤蒸汽供暖系统适宜用于高层建筑。

二、采暖系统

（一）采暖系统基本特点与分类

1. 采暖系统的分类

（1）采暖系统按供热范围可分为局部采暖系统、集中采暖系统和区域采暖系统三类。

①局部采暖系统：热源、供热管道和散热设备都在采暖房间内的采暖系统称为局部采暖系统，如火炉、电暖器等，该采暖系统适用于局部小范围的采暖。

②集中采暖系统：集中采暖系统是由一个或多个热源通过供热管道向某一地区的多个热用户采暖的采暖系统。

③区域采暖系统：由以一个区域锅炉房或换热站提供热媒，热媒通过区域供热管网输送至城镇的某个生活区、商业区或厂区热用户的散热设备称为区域采暖系统。该采暖系统属跨地区、跨行业的大型采暖系统。这种采暖方式作用范围大、节能、对环境污染小，是城市采暖的发展方向。

（2）采暖系统按热媒可分为热水采暖系统、蒸汽采暖系统和热风采暖系统。

①热水采暖系统：以热水为热媒，把热量带给散热设备的采暖系统，称为热水采暖系统。热水采暖系统又分为低温热水采暖系统（水温低于或等于100℃）和高温热水采暖系统（水温高于100℃）。住宅及民用建筑多采用低温热水采暖系统，设计供水温度/回水温度为95℃/70℃。热水采暖系统按循环动力不同还可分为自然循环系统和机械循环系统两类。

②蒸汽采暖系统：以蒸汽为热媒的采暖系统称为蒸汽采暖系统。蒸汽采暖系统分为高压蒸汽采暖系统（气压大于70kPa）和低压蒸汽采暖系统（气压不大于70kPa）。

③热风采暖系统：该系统是以空气为热媒，把热量带给散热设备的采暖系统，可分为集中送风系统和暖风机系统。

2. 采暖系统的基本构成

所有采暖系统都是由热源、供热管网和散热设备三个主要部分组成的。

（1）热源。

热源使燃料燃烧产生热，将热媒加热成热水或蒸汽的部分，如锅炉房、热交换站等。

（2）供热管网。

供热管网主要是输热管道（热循环系统），输热管道是指热源和散热设备之间的连接管道，将热媒输送到各个散热设备。

（3）散热设备。

散热设备是将热量传至所需空间的设备，如散热器、暖风机等。

采暖就是指低温热媒（低温水）在热源中被加热，吸收热量后变为高温热媒（高温水或蒸汽），经输送管道送往室内，通过散热设备放出热量，使室内温度升高；散热后温度降低，变成低温热媒（低温水），再通过回收管道返回热源，进行循环使用。如此不断循环，不断将热量从热源送到室内，以补充室内的热量损耗，使室内保持一定温度的过程。

（二）热水采暖系统

1. 自然循环热水采暖系统

自然循环热水采暖系统由热源（锅炉）、散热器、供水管道、回水管道和膨胀水箱等组成。

自然循环热水采暖系统工作前先充满冷水，当水在锅炉内被加热后，密度减小，同时受到从散热器流回来密度较大的回水的驱动，使热水沿供水干管上升流入散热器。在散热器内水被冷却，再沿回水干管流回锅炉。这样，水连续被加热，热水不断上升，在散热器及管路中散热冷却后的回水又流回锅炉被重新加热。

自然循环热水采暖系统可分为双管上供下回式和单管上供下回式两种。

（1）双管上供下回式。

双管上供下回式采暖系统各层散热器都并联在供、回水立水管上，水经回水立管、干管直接流回锅炉。如果不考虑水在管道中的冷却，则进入各层散热器的水温相同。上供下回式自然循环热水采暖系统的供水干管必须有向膨胀水箱方向上升的坡度，其坡度宜采用 0.005~0.010；散热器支管的坡度一般取 0.01。回水干管应有沿水流向锅炉方向下降的坡度。

（2）单管上供下回式。

单管系统的热水送入立管后由上向下顺序流过各层散热器，水温逐层降低，各组散热器串联在立管上。每根立管与锅炉、供水干管形成一个循环环路，各立管环路是并联关系。单管系统的优点是系统简单，节省管材，造价低，安装方便，上下层房间的高度差异较小；缺点是顺流式不能进行个体调节。

2. 机械循环热水采暖系统

自然循环热水采暖系统虽然维护管理简单，不需要耗费电能，但由于作用压力小，管中水流动速度不大，所以管径就相对要大一些，作用半径也受到限制（不宜超过 50m）。如果系统作用半径较大，自然循环往往难以满足系统的工作要求，这时应采用机械循环热水采暖系统。机械循环热水采暖系统是由热水锅炉、供水管道、散热器、回水管道、循环水泵、膨胀水箱、排气装置、控制附件等组成。

机械循环系统运行前，先打开给水管上的阀门，向系统内充水，此时系统内的空气从排气装置排出；系统充满水后，启动锅炉，水在锅炉中被加热后，沿总立管、供水干管、供水立管进入散热器，放热后沿回水干管由水泵送回锅炉。

机械循环热水采暖系统的水泵通常设于回水干管上，为系统中的热水循环提供动力。膨胀水箱设于系统的最高处，可容纳系统中多余的膨胀水和给系统定压，膨胀水箱的连接管连接在水泵的吸入口处，可以使整个系统均处于正压工作状态，避免系统中热水因汽化而影响其正常循环。为了顺利地排除系统中的空气，供水干管应按水流方向设有向上的坡度，并在供水干管的最高处设排气装置（集气罐）。

机械循环热水采暖系统的采暖方式有以下几种：

（1）机械循环双管上供下回式。

机械循环双管上供下回式热水采暖系统每组散热器连接的立管均为两根，热水平行地分配给所有散热器，散热器流出的回水直接流回锅炉，供水干管布置在所有散热器上方，回水干管在所有散热器下方。

在这种系统中，水在系统内循环，主要依靠水泵所产生的压力，但同时也存在自然压力，它使流过上层散热器的热水多于实际需要量，而流过下层散热器的热水量少于实际需要量，造成上层房间温度偏高、下层房间温度偏低的"垂直失调"现象。

（2）机械循环双管下供下回式。

系统的供水和回水干管都敷设在底层散热器下面，该系统在地下室布置供水干管，管路直接散热给地下室，无效热损失小。在施工中，每安装好一层散热器即可采暖，给冬季施工带来很大方便，以免为了冬季施工的需要，特别装置临时采暖设备；该系统的缺点是排除空气比较困难。

（3）机械循环中供式。

机械循环中供式热水采暖系统，从系统总立管引出的水平供水干管敷设在系统的中部，下部系统为上供下回式，上部系统可采用下供下回式，也可采用上供下回式，中供式系统可用于原有建筑物加建楼层，或上部建筑面积小于下部建筑面积的场合。

（4）机械循环下供上回式。

机械循环下供上回式采暖系统，其供水干管设在所有散热设备的上面，回水干管设在所有散热器下面，膨胀水箱连接在回水干管，上回水经膨胀水箱流回锅炉房，再被循环水泵送入锅炉，所以又称为倒流式系统。

倒流式系统的优点是水在系统内的流动方向是自下而上流动，与空气流动方向一致，可通过顺流式膨胀水箱排除空气，无须设置集中排气罐等排气装置。

对热损失大的底层房间，由于底层供水温度高，底层散热器的面积减小，便于布置；当采用高温水采暖系统时，由于供水干管设在底层，因此可降低防止高温水汽化所需的水箱标高，减少布置高架水箱的困难；供水干管在下部，回水干管在上部，无效热损失小。

倒流式采暖系统的缺点是散热器的放热系数比上供下回低，散热器的平均温度几乎等于散热器的出口温度，这样就增加了散热器的面积。但用高温水采暖时，这一特点却有利于满足散热器表面温度不致过高的卫生要求。

3. 异程式系统与同程式系统

（1）异程式系统。

热水在各环路所走路程不等的系统称为异程式系统，异程式系统供、回水干管的总长度短。在机械循环系统中，由于作用半径较大，连接立管较多，因而通过各个立管环路的压力损失较难平衡。异程式系统优点是造价低、投资少，缺点是易出现近热远冷水平失调现象。

（2）同程式系统。

同程式系统是通过各个立管的循环环路的总长度都相等，同程式系统的优点是供热效果较好，缺点是工程初期投资较大，常用于较大的建筑中。

4. 高层建筑热水采暖系统

随着科技的发展与建筑高度的增加，采暖系统内的静水压力也增加，而散热设备、管材的承压能力是有限的，因此，建筑物高度超过50m时，应该竖向分区供热，为减轻垂直失调，一个垂直管道采暖系统所供的楼层数不应大于12层。

（1）分层式采暖系统。

分层式采暖系统是在垂直方向上分成两个或两个以上相互独立的系统。该系统高度的划分取决于散热器、管材的承压能力及室外供热管网的压力。下层系统通常直接与室外管网连接，上层系统通过加热器与外网隔绝式连接。目前高层建筑常用这种分层式采暖系统。

（2）双线式采暖系统。

双线式采暖系统只能减轻系统失调，不能解决系统下部散热器超压的问题。双线式采暖系统分为垂直双线系统和水平双线系统。

垂直双线式单管热水采暖系统由竖向的I形单管式立管组成，其散热器常用蛇形管或辐射板式结构，其优点是各层散热器的平均温度基本相同，有利于避免系统垂直失调，对于高层建筑其优点明显。缺点是立管的阻力小，易产生水平失调。

（3）单双管混合式采暖系统。

该系统中将散热器沿竖向分成组，每组为双管系统，组与组之间采用单管连接。它的优点是利用了双管系统散热器可局部调节和单管系统可提高系统水力稳定性的特征，减轻了双管系统层数多时重力作用压头（即自然压头）引起的垂直失调严重的倾向。缺点是不能解决系统下部散热器超压的问题。

（三）蒸汽采暖系统

蒸汽采暖系统是水在锅炉中被加热成具有一定压力和温度的蒸汽，蒸汽靠自身压力作用通过管道流入散热器内，在散热器内放出热量后，蒸汽变成凝结水，凝结水靠重力经疏水器（阻汽疏水）后沿凝结水管道返回凝结水箱内，再由凝结水泵送入锅炉重新加热变成蒸汽。蒸汽采暖系统具有如下四个特点：

（1）低压或高压蒸汽采暖系统中，散热器内热媒的温度等于或高于100℃，高于低温热水采暖系统中热媒的温度。所以，蒸汽采暖系统所需要的散热器片数要少于热水采暖系统。在管路造价方面，蒸汽采暖系统也比热水采暖系统低。

（2）蒸汽采暖系统管道内壁氧化腐蚀速度要比热水采暖系统快，特别是凝结水管道更易损坏。

（3）在高层建筑采暖时，蒸汽采暖系统不会产生很大的静水压力。蒸汽采暖系统的热情性小，即系统的加热和冷却过程都很快，它适用于需要间歇采暖的场所，如剧院、会议室等。

（4）真空蒸汽采暖系统要求的严密度很高，并需要有抽气设备。蒸汽采暖系统的散热器表面温度高，容易使有机灰尘剧烈升华，对卫生不利。

（四）热风采暖系统

热风采暖系统所用热媒为室外新鲜空气、室内循环空气或两者的混合体。一般热风采暖系统只采用室内再循环空气，属于闭式循环系统。若采用室外新鲜空气则应结合建筑通风考虑。在热风采暖系统中，首先对空气进行加热处理，然后送到采暖房间散热，以维持或提高室内温度。在这种系统中，空气可以通过热水、蒸汽或高温烟气来加热。热风采暖系统具有热惰性小、升温快、室内温度分布均匀、温度梯度较小、设备简单和投资较小等优点。在既需要采暖又需要通风换气的建筑物内通常采用能提供较高温度空气的热风采暖系统；在产生有害物质很少的工业厂房中，广泛应用了暖风机；在人们短时间内聚散、需间歇调节的建筑物，如影剧院、体育馆等，也广泛采用了热风采暖系统；防火防爆和卫生要求必须采用全新风的车间等，都适于采用热风采暖系统。

　　根据送风方式的不同，热风采暖有集中送风、风道送风及暖风机送风等几种基本形式。热风采暖系统根据空气来源不同，可分为直流式、再循环式和混合式等采暖系统。

　　1. 热风采暖集中送风

　　热风集中采暖系统是以大风量、高风速、采用大型孔口为特点的送风方式，它以高速喷出的热射流带动室内空气按照一定的气流组织强烈的混合流动，因而温度均匀，可以大大降低室内的温度梯度，减少房屋上部的无效热损失，并且节省管道和设备等。这种采暖方式一般适用于室内空气允许再循环的车间，或作为大量局部排风车间的补入新风和采暖之用。对于散发大量有害气体或灰尘的房间，不宜采用热风集中采暖系统。

　　2. 风道送风和暖风机送风

　　热风采暖系统可兼有通风换气系统的作用，只是热风采暖系统的噪声比较大。面积比较大的厂房，冬季需要补充大量热量，因此经常采用暖风机或采用与送风系统相结合的热风采暖。

　　暖风机是由空气加热器、风机和电动机组合而成的一种采暖通风联合机组。由于暖风机具有加热空气和传输空气两种功能，省去了敷设大型风管的麻烦。暖风机采暖依靠强迫对流来加热周围的空气，与一般散热器采暖相比，它作用范围大、散热量大，但消耗电能较多、维护管理复杂、费用高。

第二节　常用燃煤、燃气、燃油采暖设备

一、燃煤采暖设备

　　燃煤采暖炉，以煤为主要燃料，多用于没有集中供暖或不具备燃气采暖条件的农村地区或城乡结合部，采暖费用较低，是取暖的理想选择。

　　燃煤采暖锅炉的设计、制造严格按照《小型和常压热水锅炉安全监察规定》和JB/T7985—2002《小型锅炉和常压热水锅炉技术条件》、《锅壳锅炉本体制造技术条件》的要求严格执行。具有使用寿命长，热效率高、节约能耗，运行成本低，使用起来更经济，燃煤采暖炉本体布置紧凑，占地面积小，运输方便，安装便捷，广泛适用于家庭，以及工厂、宾馆、医院、办公楼、学校、洗浴中心、浴池等企事业单位，满足使用单位的洗浴、生活热水及取暖要求。

　　《民用燃煤取暖炉安全要求》标准的制定，以大量调研和反复验证为基础，同时考虑消费者的实际使用状况，规定了以型煤作为燃料的民用燃煤取暖炉的安全要求，

重点内容包括：

规定了炉具的结构要求，改变了传统炉具产品中炉盖的构造，将封火盖由一孔改为五孔，在保障封火时间的基础上，使一氧化碳由过去的一孔排放增加至五孔排放，减少了室内一氧化碳的排放量。据试验数据显示，五孔比单孔的室内一氧化碳排放量降低 50% 左右。

对产品的密封问题提出了要求。由于在产品密封不严的情况下，一氧化碳排放量比产品密封良好的情况要高出 2~3 倍。因此标准规定了炉圈、炉盘与炉体、炉底盘与炉体连接处等各部件装配后应配合紧密，从而确保排放物从烟囱排出。

规定了炉具的安装使用要求。根据有关部门的统计，造成一氧化碳中毒的原因，大多数是由于消费者使用不当。标准规定了民用燃煤取暖炉在使用中必须与烟囱等配套产品共同使用，规定了炉具安装的必备设施、烟囱连接、密封要求、整体安装要求以及炉具的使用要求，引导消费者正确安装使用炉具。

另外，标准特别规定了需在炉体显著位置标明警示语，提醒消费者应特别注意的情况，起到保证人身安全的作用。

《民用燃煤取暖炉安全要求》的实施为生产厂家科学生产炉具提供了理论依据，有利于增强企业之间的平等竞争，满足市场发展的需要；标准的实施为消费者安全使用炉具提供了科学指导，有利于保障采暖季百姓的人身安全；标准的实施为各级执法监督部门的监督执法提供了技术支撑，有利于维护消费者的合法权益。

（1）采暖炉不能安装在卧室或与卧室直接相通的房间，以防煤气中毒。

（2）燃煤采暖炉采暖炉采暖炉采暖炉的供水管最高处不能高于炉子回水口的 6 米，否则会导致压力过大，护体变形。

（3）采暖炉出水口处应安装减压管。其通径应不小于管径。

（4）系统中需要安装膨胀水箱，水箱高度应为系统中最高点 250mm 以上。

（5）进出水口采用活接联接，便于维修。

（6）垂直烟筒高度：型煤炉应在两米以上，散煤炉必须使用直径 120mm 的烟筒，应在四米以上，通天烟筒要加帽，夏季不用最好把烟筒去掉，横向烟筒要短，弯头要少，迎风烟筒应加设三通。

（7）干管的斜度在水平情况下应为 100：1，利于排气。

（8）严禁在减压管、排气管、补水箱上安装阀门，否则是非常危险的。

（9）暖气片中心高度应高于炉体进出口中心 300mm 以上，越高越好，有利于循环。

（10）当由于管路太长等非阻气原因造成循环不好时，也可将采暖炉与暖气片的位差进一步加大，促进水循环，否则应加小型热水管道泵强制水循环。不得将水泵安装在下横主管上向炉子推水，这样由于泵的压力会胀坏炉具。

二、燃气采暖设备

燃气壁挂式采暖炉是风行欧洲几十年的成熟产品。"壁挂炉"一词属于外来语，全称是："燃气壁挂式采暖炉"，我国标准名称为："燃气壁挂式快速采暖热水器"，但它却不是传统意义上的燃气热水器，与热水器有着本质的区别。具有防冻保护、放干烧保护、意外熄火保护、温度过高保护、水泵防卡死保护等多种安全保护措施。可以外接室内温度控制器，以实现个性化温度调节和达到节能的目的。燃气壁挂炉具有强大的家庭中央供暖功能，能满足多居室的采暖需求，并且能够提供大流量恒温卫生热水，供家庭沐浴、厨房等场所使用。

1. 分类

燃气壁挂炉按照血统可以划分为：欧系血统和韩系血统。其中，由于欧系血统的壁挂炉发展历史悠久，技术成熟、质量好而成为市场的宠儿。

国产壁挂炉这些年有长足的发展，国内知名厂家大多引进德国、意大利的先进技术进行结合中国国情和气候条件了二次开发、壁挂炉更适合国内气候条件、使用习惯和经济状况，性价比更高。

壁挂炉按照不同的分类标准可以分为：从加热方式上分为："即热式"和"容积式"；从用途上分为："单采暖"和"采暖洗浴两用机"（或者称为：单水路和双水路）；从燃烧室压力上分为："正压式燃烧"和"负压式燃烧"；从燃气阀体上分为："通断式和比例式"，从产地分为："进口机"和"组装机"........等等。需要说明的是，某些所谓的"进口机"实际上是在国内组装的。

2. 折叠工作原理

当壁挂炉启动之后，在系统压力正常之后，水泵启动推动采暖媒介水流动，打开水流开关或水流传感器，输出水流信号（开关信号或脉冲信号）给主控器，主控器接到水流信号之后，启动风机进行前清扫，并检测各种安全装置是否正常，在各种安全装置正常的情况下，进行点火，再分别打开一、二级阀，燃气进入燃烧器在电火花的作用下点燃燃气进行燃烧（在点火的过程中，风机一般为半速运转或断电靠惯性运转，待点着火燃烧之后，根据燃气量确定风机转速。对于使用燃气比例阀机型，比例阀分点火电流、最小电流、最大电流，并分别可以调节），通过离子感焰技术使火焰正常燃烧，加热媒介通过散热器散发到空气中或辐射出来，达到供暖的目的。达到设定的采暖温度后，熄火进入待机状态。如此反复循环。

3. 供暖／热水两用燃气壁挂炉工作原理叙述：

接好供暖回水接口、供暖热水接口、冷水入口接口、卫生热水出口、燃气入口接口，插上电源插头，打开供气气阀。拧开补水阀，打开冷水入口阀门，使供暖管道系统充水，充水压力在 0.2MPa 左右时，关闭补水阀，按下调节面板上的"ON/OFF"开关在"ON"位置，控制系统首先进行检测供暖系统压力是否在 0.1 MPa~0.3MPa，如正常，两用壁挂炉进入待机状态。

4. 折叠工作过程

采暖系统正常→检测系统压力正常→水泵工作→水流开关或水流传感器打开→输出水流信号→风机进入前清扫→检测风压正常，各安全装置正常→点火（风机进入低速运转或进入断电依靠惯性运转）→分别打开一、二级电磁阀（比例阀自动进入点火燃气量，分段阀进入小火点火）→点着火→离子感焰，正常燃烧，风机进入正常转速→达到设定温度→熄火→风机进入后清扫，水泵延时关闭。

5. 折叠供暖功能：

在待机状态下，按下供暖温度调节按钮"+"，将设定温度升高到 30℃~80℃，绿色指示灯常亮，显示屏显示当时供暖热水温度，循环水泵启动，水流通过铜管经过主热交换器到流量检测开关阀，与自动旁通管处水压产生压差，使循环水流开关闭合（卫生热水优先开关断开），风机开始运转，风机运转后产生风压差，使风压开关由原来的 NC-1 与 C 导通转换为 NC-1 与 NC-2 导通，主控板接收到该信号后，点火器开始打火，然后打开电磁阀，气源开通，燃气遇到火花点燃（如此时没被点燃，点火系统又重新打火一次），主控板检测火焰信号，如有火焰信号，主控板输出控制电压使电磁阀保持开启，燃烧系统进行正常燃烧，将供暖系统管内的水加热，循环水泵将加热的水流过安装在室内的散热器中发出热量，使室温上升，达到供暖的目的。当供暖温度探测器所感应温度高于供暖设定温度 6℃~7℃时，主控板控制电磁阀关闭，燃烧系统停止燃烧，而此时循环水泵继续运转，热水仍在散热器中循环，发出热量，所以热水温度逐渐下降，当供暖温度探测器所感应温度低于供暖设定温度 6℃~7℃时，主控板又控制点火器打火，电磁阀开启，燃烧系统继续燃烧，供暖系统的水又被加热，如此反复加热→散热器散热→加热，使室内温度达到室内温控器设定温度。当室内温度高于室内温控器设定值的上限值时，主控板控制电磁阀闭合，燃烧系统停止燃烧，循环水泵仍继续运转几秒钟后停止运行（为了使主热交换器中水管内的水温均匀），由于室内温度的损耗，室内温度逐渐下降，当室内温度下降到低于室内温控器设定的下限值时，主控板控制循环水泵运转、点火器点火、电磁阀开启，继续燃烧，将水加热，循环水泵将加热的水流到散热器中发出热量，使室内温度上升，室内温度如此反复上升→下降→上升，始终保持在室内温控器控制的温度范围内（室温控制温差根据室内温控器精度而定）。

6. 卫生热水功能

在待机状态下，打开冷水入口阀门或打开卫生热水出口阀门，调节面板上的绿色指示灯闪亮，冷水从节流器中的过滤网到节流器冷水出口时，通过传压管在压差阀处产生压差，使隔膜座向右移动，供暖阀门关闭，热水循环阀门打开，同时卫生热水优先开关闭合，风机转动，点火器打火，电磁阀打开，点火燃烧，烧热的水在循环水泵的压力下，经过板式热交换器与冷水进行隔离式换热，从卫生热水出口流出热水。循环热水水路为：循环水泵→主热交换器→三通阀处的热水入口→三通阀处的热水循环出口→板式热交换器→循环水泵；卫生热水水路为：冷水入口→节流器过滤网→节流器冷水出口→板式热交换器→卫生热水出口。当卫生热水温度高于控制面板设置温度上限时，主控板控制电磁阀关闭，燃烧系统停止燃烧，但循环水泵继续运转，热水继续循环，所以冷水在板式热交换器中仍可被换热，由于冷水在板式热交换器吸收循环热水热量，循环热水温度下降，而且卫生热水温度也下降，当卫生热水温度下降至设置温度下限时，主控板控制点火器又打火，电磁阀打开，继续燃烧，又将循环热水加热，如此反复燃烧→停止→燃烧，使卫生热水温度始终保持在设置范围内。当关闭冷水入口阀门或关闭卫生热水出口阀门时，三通阀处压差为零，三通阀在弹簧力的作用下复位，卫生热水优先开关断开，主控板控制电磁阀关闭，绿色指示灯灭，循环水泵停止工作，完成卫生热水功能，进入待机状态。

7. 组成部分

（1）外壳部分。

燃气壁挂炉的外壳主要分为底壳和面壳两部分。

（2）燃气锅炉电器控制部分。

燃气壁挂炉的电器部分是非常重要的，主要是用来控制、轮回水泵、风机、风压开关、燃气阀、轮回水流、地暖温度探测器等装置的运行。

（3）主控板。

锅炉的主控板主要接收和输出控制信号。

（4）风机。

燃气锅炉上的分机主要由电机、风轮、风机壳、冷却风扇、传压接头等组成。

（5）燃气阀门。

燃气阀门分为比例阀和阀体。

三、燃油采暖设备

燃油取暖器主要是以燃油作为燃料产生热量，用于防寒取暖的装置。该取暖器具有轻便、灵活、体积小、重量轻、功率强大、操作简便、安全可靠、用电少、耗油省等特点。

燃油取暖器分为工业用和家用两种。最为广泛的是在工业领域。在工业领域主要是对一些工商业场所和建筑桥梁等一些空间大的地方进行取暖，也可用于干燥一些工业产品。顾名思义，就是对空气进行加热的。传统的燃煤，燃气，普遍的电采暖，兴起的燃油采暖，在各种采暖方式中，空气采暖是比较舒适的，而燃油取暖作为工业新兴的一种空气采暖方式也可以提供洁净干燥的热空气，对整个空间加热，温度均匀。它有着加热迅速，热量流通快的优点。

1. 保养方法

取暖器水箱经过一段时间的驾驶，表面有一层异物及粉尘，如不清理掉，影响散热量。鼓风机电机经过长时间运行，应对电机进行保养及更换，此操作过程必须由专业人员进行判断和保养，不能私自拆卸电机，这样容易造成短路和电机不转，轻者烧保险，严重造成烧线束、着火。电机通风管不能去掉，去掉后，易造成电机过热、烧坏。变速电阻能使电机变挡，如长期使用一、二挡，易使电阻烧断，影响正常使用，发现此问题，应及时更换。操作系统经过长时间使用，操纵拉线易老化变形，使操纵不灵活或不到位，不要硬性地去搬动，避免造成零件损坏。发现此问题应到维修站进行判定，并根据具体情况进行检修更换。通风管道也就是取暖器的 1 号和 2 号胶管，由于长时间在高温情况下使用，极容易老化有裂纹，发现问题，应及时更换，以免发生漏水，造成水温过高，使发动机缸盖变形。换胶管应用夏利车配套的胶管，劣质胶管不耐腐蚀。

该装置在使用中应当注意这样几点：当冬天气温 0℃ 以下时前风挡玻璃会有一层冰和霜。起动发动机，把水温升到 40℃ 以上时，把操纵按指示牌标识放到除霜的位置，循环放到室内循环的位置，打开鼓风机电机放到三挡位置，此时电机转速最高，使其运转 3~5 分钟，然后根据除霜情况可以把挡位放到一、二挡位置。这期间驾驶员最好不要离开驾驶室，如发现电机不转，应立即把电机挡位回到关闭的位置，避免烧坏变速电阻。当外面气温低、驾驶室内司乘人员多时，玻璃会有霜，可以把操纵放到除霜的位置和室外循环的位置上，电机可以放到一挡或二挡位置，这样就能把霜除干净。当外部无风沙和粉尘时，可以把循环放到室外，使驾驶室空气清新。如有风沙和粉尘或天气太冷时，把循环放到室内循环，避免风沙和粉尘进入驾驶室。

2. 注意事项

为了防止火灾或爆炸，使用柴油或煤油。不要使用汽油、石脑油、涂料稀释剂、酒精或其他高度易燃燃料。

3. 加燃料

加燃料的相关人员必须是对厂商的说明书和取暖器安全加燃料的相关规定很熟悉。

（1）只能使用取暖器指定的柴油或煤油。

（2）所有的火焰指示灯都熄灭了，并且取暖器冷却以后，才能加燃料。

（3）在加燃料的时候，要检查油管和油管连接处是否有泄漏。在取暖器运行前，任何一个泄漏处都必须修理好。

（4）取暖器附近的建筑物的燃料储备量绝对不能超过取暖器一天的燃料使用量，大量的燃料储备必须安置在建筑物外面。

（5）所有燃料存藏的地方与取暖器、喷火器、焊接设备和类似的点火源至少距离 1 米（除了与取暖器的燃料存储器）。

（6）燃料储存应尽量限制在不让燃料渗透或在地势低的区域不被点燃的区域。

（7）燃料储存必须和官方规定相一致。

4. 维护准则

（1）油箱每运行 160~200 小时或必要时冲洗油箱。

（2）出风口过滤器和过滤海绵网每运行 500 小时或一年更换换过滤器。

（3）进风口过滤器每运行 500 小时或必要时用肥皂和水清洗和进行干燥。

（4）喷油头每个供暖季节清理两次，或者必要的时候。

（5）火花塞每运行 600 小时进行清理和疏通，或必要时进行更换。

（6）风叶片每个季节或必要时进行清理。

第三节　采暖系统的运行与维护

一、采暖系统的维护与管理

（一）管网管理

1. 室外管网

室外管网的管理应注意以下几点：

（1）室外管网应定期检查修复变形的管道支架。

（2）修复保温层，减少热量损失和防止管内水冻结。

（3）防止管道因热应力和压力过大使管道破裂。如果出现管道破裂的情况，要及时关闭阀门，更换修复破损的管道，并及时排出地沟内的积水。

（4）要在必要处设置排污器，定期排出沉淀杂质，疏通管道，防止管道堵塞。

（5）管道内存有空气易产生断面堵塞，要定期检查排气设备，定期排气，排除空气堵塞，使管网正常运行。

（6）在停热期要做好管道及附件设备的防腐处理，以延长供热系统的使用寿命。

2. 室内管网

室内管网的管理应注意以下几点：

（1）定期检查管道连接处，检查各种阀门和连接管件是否泄漏。发现泄漏要及时关闭阀门，排除系统内的水，以便及时维修。

（2）若发现室内管网局部不热，要考虑是否气堵或管子污垢的堵塞，并及时排气和清垢，使系统正常工作。

（3）要巡视观察室内的温度变化，及时调节系统（分集中调节、局部调节和个体调节），使用户散热设备的散热量与热负荷变化相适应，防止室内温度过高或过低。

（4）停止供热期间要做好暖气片的污垢清掏工作，这对准备好下一期的工作十分重要。

（二）锅炉及热力站管理

锅炉房是城镇供热系统的热源，是供热系统的中心，也是日常维护的重点；热力站是建筑小区的热源，它直接影响到小区的采暖效果。对于锅炉房及热力站的管理应注意以下几点：

（1）要制订锅炉房或热力站的各项规章制度，包括安全操作制度、水质处理制度、交换班制度等。

（2）保养好锅炉房内锅炉本体和维护锅炉正常的各种设备，包括运煤除渣设备、送引风设备、除尘设备、除氧设备、排污设备、水泵、阀门、各种电气仪表等。只有保养好这些设备，使其正常工作，整个供热系统才能正常运行。

（3）热力站的附件有水箱、循环水泵、除垢器、压力表、温度表、安全阀、水位表和水位报警器等，这些部件日常维护的好坏关系到采暖系统的安全问题。要保持这些仪表、阀门的灵敏度，保障锅炉房内给水与排水系统的畅通，做好水质的软化和除氧处理，以防止设备、管道结垢和腐蚀，保证锅炉热力站安全工作并延长其使用寿命，使供热系统更经济地运行。

（三）用户管理

用户管理是指对用户室内散热设备运行情况的检查与维护，取暖费用的收取以及对用户设备使用的指导。

采暖用户的管理是采暖过程管理的重要环节，其主要内容有：

（1）指导用户在遇到采暖问题时如何与物业服务企业沟通；

（2）检查房间的密闭性能，加强保温措施；培养用户节约能源、合理取暖的意识；

（3）用户家庭装修需变动散热器位置或型号时，需取得管理人员的现场认可。

二、采暖系统的养护

在非采暖季节系统停止运行时，为减少管道和设备系统的腐蚀，所有的热水、高温水采暖系统均要求充水养护，钢制的散热器更强调充水养护，以延长管道和设备的使用寿命。

具体做法有以下几点：

（1）采暖季节结束、系统停止运行后，先进行全面检查，并进行修理，将已损坏的零部件或散热器进行更换。

（2）将系统充满水并按试压要求进行系统试压，并将系统内的水加热至95℃，保持1.5h，然后停止运行。

（3）设有膨胀水箱的系统，在非采暖期要保持水箱有水，缺水时要进行补水。

三、采暖系统的运行与调试

（一）采暖系统的试运行与初调

采暖系统试运行与初调节的具体要求包括系统冲洗、通热水运行和调节几个步骤：

（1）系统冲洗可排除管道和设备内的泥沙、焊渣及细小杂质等。

（2）将管网及设备充满水，检查正常后开始加热。首先打开管网阀门，接通热源，逐渐升至设计温度，外网循环正常后，再打开用户管道，先远后近逐个进行。

（3）在管网和用户都维持正常压力条件下，调节阀门使各环路阻力平衡，散热器均匀散热，以保证各个房间都能达到设计温度。

（二）采暖系统的运行调节

为使采暖系统适应室外气温、风向、风速等气象条件的变化，必须对系统进行运行调节。运行调节分为集中调节和局部调节。

集中调节指调节从热源输出的热媒流量和温度以改变输送的总热量，可调节单个参数，也可同时调节两个参数。

局部调节指利用单组散热器支管上的阀门改变热媒流量，以调节散热量。

在采暖系统的运行过程中，热源处的操作人员应根据室外气温的变化进行供热调节，有机地改变流量、温度、压力等采暖参数，使采暖更合理、经济、实用。此外，还应经常检查以下几项：

（1）容易被冻得采暖管道、保温层及设备等。

（2）电机、水泵以及各种仪表（压力表、温度计、流量计）是否正常灵敏。

（3）系统中所有的疏水器、排气装置、各种调节器及安全装置等是否正常可靠。

（4）室内采暖温度和散热设备的温度是否符合规定要求。

（5）对于系统中隐蔽的管道、阀门及附件要定期检修，所有系统上的除污器、过滤器及水封底部等处的污物要定期清理。

四、采暖系统的常见问题与处理

（一）管道泄漏

因管道压力过大、腐蚀、外力及人为等因素，会使室外管道及附件产生破裂和渗漏，这是采暖系统常见的故障。

处理方法是：首先要关闭泄漏处前、后的上水与下水的阀门，然后排泄管道内的存水，更换破损的管道或附件，再开启阀门，运行系统。

（二）管道堵塞

因采暖管道的堵塞而造成室内外采暖管道及室内散热器不热，是采暖系统常见的技术故障，主要有气堵栓塞和冻结三种故障，处理方法如下：

1. 气堵

在热水供热系统中，表现为上层散热器不热，一旦管道中存留了空气，将会把这段管道的流通断面堵塞，严重时可能形成气塞，使部分管道中的水停止流动，散热器不能散热。在蒸汽供热系统中，凝水管中若存有空气，凝水就不能顺利返回，影响系统的正常运行。

处理方法是正确选择集气罐的位置，打开放气阀放出空气。

2. 栓塞

栓塞是由于管道及水质所产生的污垢沉淀、堵塞，减少了管道的热媒流量，使系统出现不热的故障。

处理方法是开启除污器，冲刷管道污垢或人工清掏污垢，使采暖管道畅通。

3. 冻结

发现冻结要及时处理，否则容易使管道或散热器因冻胀而破裂。处理方法是用火烤化冻结的管道或更换冻结的管道。

（三）散热器散热不均

故障现象为上层散热器过热，下层散热器不热。产生这种故障的原因是采暖系统产生垂直水力失调，导致上层散热器的热媒流量过多，而下层散热器的热媒流量过少。

处理方法是关小上层散热器支管上的阀门，开大下层散热器支管上的阀门。

（四）上层散热器不热

出现这种故障的原因可能是上层散热器存有空气，此时应及时排出散热器中的空气。另一种原因可能是上层散热器缺水，这时应启动补水泵给采暖系统补水。

（五）各立管上散热器的温度差别太大

产生这种故障的原因是采暖系统产生水平水力失调，导致部分立管热媒流量过大，而另一部分立管热媒流量过小。

处理方法是应将温度高的散热器的立管阀门关小，同时将温度低的散热器的立管阀门开大。

（六）一组散热器单片散热片不热

一组散热器单片散热片不热故障一般出现在支管同侧进、出散热器的末端散热片上。一种原因是末端散热片存有空气，导致部分或整片不热。处理方法是及时排出散热片中的空气。

另一种原因可能是散热片下部出水口被系统中的杂质或污物堵塞，导致水在散热片中不循环。处理方法是拆下散热器的丝堵，疏通并排出杂质和污物。

第四节　燃气供应系统基本知识

一、燃气的种类

燃气可分为人工煤气、液化石油气和天然气三种。

1. 人工煤气

人工煤气是由煤、焦炭等固体燃料或重油等液体燃料经干馏、汽化或裂解等过程所制得的气体。煤气的主要成分为 H_2、CO 及 CH，人工煤气有煤制气和油制气，以煤为原料制成的煤气称为煤制气，以油为原料制成的煤气称为油制气。

人工煤气具有强烈的气味和毒性，含有硫化氢、氨、焦油等杂质，容易腐蚀和堵塞管道。因此，人工煤气要净化后方能使用。

2. 液化石油气

液化石油气是从石油的开采、裂解、炼制等生产过程中得到的副产品。液化石油气是碳氢化合物的混合物，其主要成分包括丙烷、丙烯、丁烷、丁烯和丁二烯，同时还含有少量的甲烷、乙烷、戊烷及硫化氢等成分。这些气体很容易加压液化，因此称为液化石油气。

3. 天然气

天然气是埋藏在地下的古生物经过亿万年的高温和高压等作用而形成的可燃气，是一种无色、无味、无毒、热值高、燃烧稳定、洁净环保的优质能源。天然气主要成分为 CHs，是一种主要由甲烷组成的气态化石燃料。它主要存在于油田和天然气田，也有少量出于煤层。因为它没有气味，在使用时通常加入某种无毒而有臭味的气体（如乙硫醇），以便于检漏，防止发生中毒或爆炸事故。

二、燃气的供应方式

燃气的供应方式有管道输送和瓶装供应两种。

1. 管道输送

天然气或人工煤气经过净化后，便输入城镇燃气管网。根据输送压力的不同，城镇燃气管网可分为低压管网（P ≤ 4.9kPa）、中压管网（4.9kPa<P ≤ 147.15kPa）、次高压管网（147.15kPa<P ≤ 294.3kPa）和高压管网（294.3kPa<P ≤ 784.8kPa）四种。

城镇燃气管网包括街道燃气管网和庭院燃气管网两部分。

在供气区域较大的大城市，街道燃气管网可采用高压管网或次高压管网，以利远距离输送；在小城镇内，一般采用中、低压管网。无论采用何种压力的街道管网，在接入庭院燃气管网供居民使用之前，必须降到低压范围，这可通过区域煤气调压站进行减压而实现。燃气管道是承受压力的，而且输送的燃气是有毒、易爆的气体，因此，不仅要求燃气管道具有足够的强度，而且要具有不透气、耐腐蚀等性能，其中最主要的是不透气性。

2. 瓶装供应

液化石油气多采用瓶装。在储配站（罐瓶站）设球形储罐，通过一定设备把储罐内的石油气灌入瓶内，经供应站供应给用户使用。根据用气量的大小可采用单瓶或瓶组供气，其中单瓶供应采用 15kg 钢瓶一个，连同燃具供应家庭使用；瓶组是把钢瓶并联供应给用气量较小的用户使用。钢瓶内液态石油气的饱和蒸汽压强一般为 70~8000kPa，在室温下可自然蒸发。在供燃具使用时，要经瓶上的减压阀减压至 2.8kPa ± 0.5kPa. 钢瓶的运输应严格按规程进行，严禁乱扔乱甩。

三、室内燃气系统的组成

室内燃气系统由引入管、干管、立管、用户支管、燃气表和燃气用具组成。

（1）室内燃气系统由引入管、立管和支管组成。室内燃气管道多采用水煤气钢管，它属于低压管材；管道采用螺纹连接（丝扣连接）。埋地部分应涂防腐剂，明敷管道采用镀锌钢管，管道不允许有漏气。室内燃气管道要求明敷，在有可能出现冻结的地方，应采取防冻措施。

（2）燃气表是计量燃气用量的仪表。目前我国常用的是一种干式皮囊气流量表，它适用于室内低压燃气供应系统。

（3）燃气用具。住宅常用燃气用具有厨房燃气灶和燃气热水器等。

①厨房燃气灶。常见的有双火眼燃气灶，它由炉体、工作面及燃烧器三部分组成。

②燃气热水器。它是一种局部供应热水的加热设备。当建筑物内无集中热水供应时，可采用燃气为热源，通过燃气热水器制备热水。

由于燃气燃烧后排出的废气中含有一氧化碳，因此在设有燃气用具的房间，都应设有相应的通风设施。规范规定燃气热水器不得直接安装在浴室内。

四、燃气供应系统的维护与管理

（一）维护与管理的内容

1. 燃气设施的检查和报修

燃气设施的检查和报修，通常采用巡回检查和用户报修相结合的方法，以便及时了解燃气系统的运行状况，发现和处理燃气设备的故障。

2. 燃气设施的保养和维修

对室内燃气管道和设备进行养护维修，可以减少管道设备的机械和自然损坏，提高燃气使用的安全可靠性，延长管道和设备中修、大修的周期。

3. 安全用气宣传

通过宣传资料、技术咨询服务等形式，广泛宣传燃气安全使用知识，使用户了解燃气设施养护等方面的知识，自觉配合专业管理部门保护好室内燃气系统。

4. 室内燃气设施的安全管理

室内燃气设施的安全管理，是保障国家和人民生命财产安全的重要环节。为了不发生或少发生燃气事故，必须严格执行《城市燃气管理办法》，从燃气使用和燃气设备的生产与销售等方面，切实做好管理，杜绝燃气事故的发生。

（二）燃气管道及部件的维护

1. 室内燃气管道的外观检查

外观上检查管道的固定是否牢靠，管道是否有锈蚀或机械损伤，管卡、托钩是否脱落以及管道的坡度、坡向是否正确。

2. 室内燃气管道漏气的检查和处理

用肥皂水涂抹怀疑漏气点，如果出现连续气泡，则可以断定该处漏气。查找到漏气点后，可用湿布将漏气点包好扎紧或将漏气点前的阀门关闭，并尽快报告给燃气公司进行处理。需注意的是，必须严禁用明火查找漏气点。

3. 燃气表的养护

燃气表的维修工作有地区校验和定期检修。按照计量部门的要求，燃气表的地区校验每年进行一次，使用误差不大于4%。当用户对燃气表的计量有疑问时也要采用地区校验，以检查计量是否有误差。地区校验采用特制的标准喷嘴或标准表进行。定期检修是指燃气公司每季度对所管辖区域的燃气表进行一次检修，以检查其工作性能是否良好。

（三）燃气的安全

室内燃气作业的注意事项和安全措施有以下几点：

（1）作业人员要严格遵守各项燃气操作规程，熟悉所维护的燃气系统情况。

（2）室内燃气设施维修，通常不允许带气作业，要关闭引入管总阀门，并把管道中的燃气排到室外，维修作业过程中要加强室内的通风换气。未经主管部门批准，已供气的室内燃气管道一律不准采用气焊切割和电、气焊作业。必须采用时，要事先编制作业方案。

（3）维修结束后，用燃气置换管道中的空气时，作业范围及周围严禁一切火种，置换时的混合气体不准在室内排放，要用胶管接出排到室外，并应注意周围环境和风向，避免发生人员中毒或其他事故。

（4）室内管道重新供入的燃气在没有检验合格前，不准在燃气灶上点火试验，而应当从管道中取气样，在远离作业现场的地方点火试验。带有烟道和炉膛的燃用具，不准在炉膛内排放所置换的混合气体。燃气用具如果一次点火不成功，应当关闭燃气阀门，在停留几分钟后再进行第二次点火。

（5）引入管的清通和总入口阀门的检修，是危险的带气作业，要严格按操作规程作业。

用户使用燃气的注意事项：

（1）用户要有具备使用燃气条件的厨房，禁止厨房和居室并用；燃气灶不能同取暖炉火并用；厨房必须通风，一旦燃气泄漏能及时排出室外。

（2）装有燃气设施的厨房切忌住人。

（3）使用燃气的厨房里不准堆放易燃易爆物品。在燃气设施上禁止拴系绳索或吊挂物品，以免造成燃气的泄漏。点燃燃气灶时，要有人在旁看守，防止沸水溢出将火焰浇灭。用小火时，防止被风吹灭。用完燃气后关闭燃气灶具开关，并将燃气表前（或后）的闸阀关闭。

（4）要经常检查燃气胶管是否老化、破损，如有此种情况，应及时更换新管。

（5）带有自动点火的灶具一次点不着时，应立即关闭灶具开关，不得使开关打开的时间过长，以免燃气外漏。点燃灶火后要观察火焰燃烧是否稳定、正常，火焰燃烧不正常时序调节风门。

（6）教育儿童不要随意乱动燃气灶具开关，更不要在有燃气设施的房间内玩火。

（7）燃气泄漏时应立即打开门窗。对发现的漏点应及时处理，处理不了的立即报告燃气公司或有关部门。

第四章　建筑消防系统

我国经济的发展与基础建设的进步，使得我国的城市化进程进一步加快，这使得城市中的人口密度越来越大，因此我国城市中的各类建筑也越来越多。而建筑的消防问题一直是关系国计民生的重要问题，特别是在建筑越来越高与规模越来越大的今天，因此本章对建筑消防系统进行了讲述。

第一节　建筑消防系统概述

一、建筑火灾的成因及高层建筑火灾的特点

可燃物与氧化剂作用发生的发热反应通常伴有火焰、发光和发烟现象，称为燃烧。火的形成过程是一种放热、发光的复杂化学现象，是可燃物质分子游离基的一种连锁反应。

当存在可燃物质，又存在可供燃烧的热源及助燃氧气或氧化剂时，便可构成引起火灾的充要条件。

（一）建筑火灾的成因

现代建筑所采用的主要材料大多为砖、砌块、混凝土、钢材及水泥等建筑材料，这些材料形成的结构本身是非燃烧体。但建筑物内往往具有大量的易燃物质，一旦具备燃烧条件，就会引起火灾。造成火灾的原因有：

1. 人为因素

人为造成的火灾是建筑火灾中最常见的，占到了已发生火灾的大部分。人为造成火灾主要表现为两个方面：一是工作和生活中的疏忽大意，这往往是火灾的直接原因。如：违反操作规程带电作业，产生电火花；乱扔临时电线，超负荷用电，电器使用不当；乱扔烟头、火柴梗等。二是违法犯罪分子故意纵火。

2. 电气事故

随着生活水平的提高，人们在生活中所用的电气设备越来越多，住宅内布线也更

加复杂。如果这些电气设备质量不好，安装不当，线路老化且维护不及时，绝缘破损引起线路短路，防雷、避雷接地不合要求，等等，都有可能造成火灾。

3. 可燃物的引燃

由于人们生活与工作的需要，现代建筑内往往存有大量的可燃物。这些可燃物可分为可燃气体、可燃液体及可燃固体。其中可燃气体包括煤气石油液化气等燃料气体和其他可燃气体。可燃气体泄漏后，与空气混合形成混合气体，当浓度达到一定值时，遇到明火就会爆炸形成火灾。可燃液体在低温下，其蒸气与空气混合达到一定浓度时，遇到火就会出现闪燃现象，闪燃是燃爆爆炸的前兆。可燃固体被加热达到其燃点温度时，遇到明火才会燃烧，但是有些物质具有自燃现象。还有一些易燃易爆化学品，即使常温下也会自燃或爆炸这些物品都是火灾的隐患。

此外，一些自然现象如火山喷发，雷击、森林大火及地震等，也是造成建筑火灾的原因。

（二）高层建筑火灾的特点

高层建筑在现代建筑中占的比例越来越大，其火灾具有与一般建筑不同的特点。

1. 火势猛、蔓延快

高层建筑内的电梯井、楼梯井、通风井等都是火灾蔓延的通道，一旦发生火灾火势凶猛，蔓延速度很快。另外，建筑物内部装修时，常把大量有机材料或可燃易燃物品带进建筑物内。一旦着火遍布各处的易燃材料就会使火灾快速蔓延。

2. 火灾的扑救难度大

高层建筑的火灾扑救难度要比一般建筑大的多。

消防车的供水高度不超过24m，目前使用的登高云梯一般为50m左右。高层建筑多半是裙楼围绕主楼的布局，裙楼密集，使消防车难以接近火场和火源，灭火设备的灭火能力和效果相对较差。因此，靠外部力量来救高层建筑内的火灾很困难，主要还是应靠室内的消防系统来进行灭火。

3. 人员疏散困难

高层建筑发生火灾后，含有一氧化碳和有害物的烟气的扩散蔓延速度比火焰蔓延迅速，竖向扩散比横向扩散迅速，人会在几分钟内因缺氧晕倒而被毒死、烧死。再加上一旦疏散组织不当，造成人员盲目流动拥挤混乱，就更增加了疏散难度。

4. 经济损失大、政治影响大

高层建筑一旦发生火灾，若不能及时扑救，会造成大量人员伤亡和巨大财产损失，还可能产生较大的政治影响。

综上所述,应在分析火灾成因、了解火灾燃烧过程和建筑火灾特点的基础上,建立、改进和完善消防报警与联动系统及设施，使其针对性强、反应灵敏、工作可靠，达到预期的目的。

二、高层建筑消防系统的特点

现代高层建筑建筑面积大，楼层多，标准高，人员密集，装修复杂（装修中常用的木材地毯等都是易燃物，火灾隐患多），用电设备多（如电梯设备、给排水设备、制冷设备、锅炉房用电设备、厨房用电设备、洗衣机房用电设备、空调系统用电设备、消防设备、客房用电设备、电气照明系统以及弱电设备，等等），用电量大，配电网、电信网等纵横交错，如操作不当或过载、短路等都容易发生火灾。

因此，除了对建筑物的平面布置、建筑装修材料的选用、机电设备的选型与配置有许多限制条件外还必须贯彻"以防为主、防消结合"的方针，采用先进的火灾自动报警及自动灭火系统进行报警和扑救，以实现火灾报警早、控制火势与扑救及时和自动化程度高的要求。

我国通过各种规范和法规，如《高层民用建筑设计防火规范》和《火灾自动报警系统设计规范》，对高层民用建筑的自动消防系统实施了强制性的安装要求和定期的检查审验，将民用建筑的自动消防系统提到了法制化的高度，高层建筑自动消防系统主要由两部分组成，即火灾自动报警系统和自动灭火系统。

三、建筑消防系统的组成

建筑消防系统由火灾自动报警系统、灭火及消防联动系统组成。

（一）火灾自动报警系统

火灾自动报警系统的构成主要有探测器、报警显示以及火灾自动报警控制器等。探测器的作用是在火灾发生的初始阶段感知烟气、温度等的变化，提早预报警，并在主控屏上显示。一旦确定为火灾，迅速启动灭火及消防联动设备。

（二）灭火及消防联动系统

1. 灭火装置

灭火装置是消防系统的重要组成部分。高层建筑一旦发生火灾，仅靠人工扑救是不行的，还要依赖消防设施进行早期灭火。有了火灾自动报警系统，还必须要有自动灭火装置的联动控制。

灭火装置可分为水灭火装置和其他常用灭火装置，而水灭火装置又可分为消火栓灭火系统和自动喷水灭火系统，其他常用灭火装置可分为二氧化碳灭火系统、干粉灭火系统、泡沫灭火系统、卤代烷灭火系统和移动式灭火器等。

2. 减灾装置

除了灭火装置外，为了将火灾损失降低到最小，还必须安装减灾装置。常用的减灾装置有防火门、防火分区、安全门、防火墙及防排烟设施等。

3. 避难应急装置

火灾发生之后，为了及时通报火情、扑救火灾、有序迅速地疏散人员与物资，建筑物的消防系统还应设置专用的应急照明、避难袋、消防电梯及高层建筑停机坪、避难层等应急避难的装置。

4. 广播通信装置

消防广播及消防专用通信系统，包括火灾事故广播、消防专用电话和对讲机等，是及时通报火灾情况、统一指挥疏散人员的必要设施。

第二节　室内消火栓给水系统

室内消火栓给水系统是利用室外消防给水系统提供的水量，扑灭建筑物中的火灾而在室内设置的固定灭火设备。

按照我国《高层民用建筑设计防火规范》的规定，建筑高度不超过10层的住宅及低于24m的其他民用建筑为低层建筑，否则为高层建筑。低层建筑室内消火栓给水系统用于扑灭建筑物内初期火灾，而室外消防车用于扑救室内任何火灾。由于消防车对高层建筑一般达不到扑灭火灾所需的水量和水压，所以高层建筑灭火必须立足于自救。

一、消火栓给水系统的组成

消火栓给水系统由水枪、水带、消火栓、消防水喉、消防管道、消防水池、水箱、增压设备和水源等组成。当室外给水管网的水压不能满足室内消防要求时，应当设置消防水泵和水箱。低层建筑室内生活、消防合用给水系统。

二、消火栓给水系统的给水方式

（一）低层建筑室内消火栓给水系统

低层建筑发生火灾，利用消防车从室外消防水源抽水，接出水带和水枪就能直接有效地扑救建筑物内的任何火灾，因而低层建筑室内消火栓给水系统是供扑救建筑物内的初期火灾使用的。这种系统的特点是消防用水量少、水压低。

根据建筑物的高度、室外消防给水管网所提供的水压和水量以及室内消防对水压、水量等的要求，室内消火栓给水系统常见的有三种类型。

1. 无加压消防水泵、无水箱的室内消火栓给水系统

当室外为常高压消防给水系统或室外给水管网的水压、水量任何时刻均能满足室内最不利点消火栓处的设计水压和水量时，可采用无加压消防水泵、无水箱的室内消火栓给水系统。采用这种系统，当消防、生活、生产全用管网时，则其进水管上所设的水表应考虑消防流量。仅设一条水管时，可在水表的节点处设置旁通管，旁通管上设阀门，平时阀门关闭。发生火灾时，应能自动开启该阀门，也可由消防值班人员开启，但此水表节点应设在值班人员易于接近或便于开启的地方，且应有明显的标志。

2. 设有消防水箱的室内消火栓给水系统

在水压变化较大的城镇或居住区，室外给水管网的水压在昼夜间断性满足室内消防、生活和生产用水要求。如在白天用水高峰时外网水压不能满足要求，而在夜间或其他时间内，外网供水均能满足室内消防、生活和生产用水要求，在这种情况下，常设消防水箱储存 10min 的消防用水量，同时调节生活、生产用水量。

该系统的生活、生产给水管网与消防给水管网分开，但应共用消防水箱。生活，生产给水管道与消防给水管道之间的连接管上应设单向阀，防止水压较低时消防管网内的水向水源倒流。

3. 设有消防水泵和水箱的室内消火栓给水系统

当室外给水管网原水压经常不能满足室内消火栓给水系统最不利点消火栓灭火设备处的水量和水压时，应采用这种系统。

消防水泵的扬程应满足室内最不利点消火栓灭火设备的压力，同时应保证火警后 5min 之内开始启动供水，并保证火场用水不中断。消防水箱储存 10min 的室内消防用水量，合用水箱时，应保证消防用水不作他用，且发生火灾后由消防水泵供给的消防用水不应进入消防水箱，以利维持管网的消防水压。消防水箱的补水由生活或生产泵供给，严禁消防水箱采用消防水泵补水，以防火灾时消防用水进入水箱。

（二）高层建筑室内消火栓给水系统

建筑高度 10 层及 10 层以上的住宅以及超过 24m 的其他高层建筑物内设置的室内消火栓给水系统，称为高层建筑室内消火栓给水系统。

高层建筑发生火灾，由于受到消防车水泵和水带的耐压强度等的限制，一般不能直接利用消防车从室外消防水源抽水送到高层部分进行扑救，而主要依靠室内设置的消火栓给水系统来扑救，也就是说，高层建筑灭火系统必须立足于自救。因此，这种

系统要求的消防用水量大、水压高，一般情况下与其他灭火系统分开，独立设置。

高层建筑室内消火栓给水系统按消防给水系统服务范围，分为独立的室内高压消火栓给水系统和区域集中的室内高压消火栓给水系统；按建筑的高度，分为高度低于50m的高层建筑一次供水室内消火栓给水系统和高度超过50m的高层建筑分区供水室内消火栓给水系统。

1. 独立的室内高压消火栓给水系统

每幢高层建筑物内设立消防专用管网且管网内经常保持高压的消防给水系统，称为独立的室内高压消火栓给水系统。通常在地震区、人防上要求较高的重要建筑物采用这种系统。

2. 区域集中的室内高压消火栓给水系统

数幢或更多幢高层建筑的消防给水系统，称为区域集中的室内高压消火栓给水系统。为了便于集中管理，在有合理规划的高层建筑区常采用这种系统。

3. 高度低于50m的高层建筑一次供水室内消火栓给水系统

建筑高度超过24m但不超过50m的高层建筑发生火灾时，消防队使用消防车从室外消火栓吸水，通过水泵接合器往室内管网供水，可增大室内消火栓给水系统的水压和水量。

4. 高度超过50m的高层建筑分区供水室内消火栓给水系统

建筑高度超过50m或消火栓处所受静水压力超过800MPa的室内消火栓给水系统，为便于火场扑救和加强供水安全，宜采用分区给水系统。

三、消火栓给水系统的设备

1. 水枪

水枪是灭火的主要工具。室内消火栓一般采用直流式水枪。水枪喷嘴口径一般为13mm、16mm、19mm。喷嘴口径为13mm的水枪配用直径为50mm的水带，喷嘴口径为16mm的水枪配用直径为50mm或65mm的水带，喷嘴口径为19mm的水枪配用直径为65mm的水带。高层建筑室内消火栓设备应配备喷嘴口径不小于19mm的水枪。

2. 水龙带

水龙带常采用麻布、帆布或输水软管做成。每个消火栓处配备水龙带一条，直径一般为50mm或65mm，长度一般为15m、20m、25m和30m四种。高层建筑室内消火栓配备的水龙带长度不应超过25m。

3. 消火栓

室内消火栓是具有内扣式接口的球形阀式龙头。它的一端与消防竖管相连，另一端与水龙带相连。消火栓的栓口直径不应小于所配备的水龙带的直径。消火栓有单出口和双出口两种。单出口消火栓直径常为 50mm、65mm 两种，双出口消火栓直径不应小于65mm。建筑中一般采用单出口消火栓；高层建筑中应采用65mm口径的消火栓。

4. 水泵接合器

水泵接合器是消防车往室内管网供水的接口。其作用主要有：一是当室内消防水泵因检修、停电或出现其他故障时，利用消防车从室外水源抽水向室内消防给水管网提供灭火用水；二是当遇大火，室内消防用水量不足时，必须利用消防车从室外水源抽水，向室内消防给水管网补充消防用水。水泵接合器有地上、地下和墙壁式三种。

5. 消防储水池

当发生火灾时，消防管道系统灭火需要大量用水，消防水箱的蓄水远远不够，这时消防泵直接从消防储水池抽水，给管道系统供水，以达到灭火的目的。消防储水池可独立设置，也可同生活、生产水池合用，其储水量按建筑物的性质经计算确定。

6. 消防水箱

消防水箱一般安装于屋顶水箱间，宜与生活、生产水池合用，以防止水质变坏。水箱内应储存 10min 的室内消防用水量。

消防与生活或生产用水合用水池、水箱，应采取保证消防用水平时不被动用的措施。

7. 消防卷盘

消防卷盘是设置在高级旅馆综合楼和建筑高度超过 100m 的超高层建筑内的重要辅助灭火设备，由口径为 25mm 或 32mm 的消火栓，内径为 19mm，长度为 20~40m 卷绕在可旋转转盘上的胶管和喷嘴口径为 6~9mm 的水枪组成。

消防卷盘的作用是在火灾发生的初期扑救小范围的明火使用方法简单，适宜未经训练的普通人的自救。当消防卷盘不能控制火势的蔓延时，应使用消火栓扑救，同时启动报警按钮报警。

四、消火栓给水系统的布置及用水量

按照我国现行的《建筑设计防火规范》，消火栓给水系统的布置及用水量应满足以下要求：

1. 布置要求

（1）建筑高度小于或等于 24m，体积小于或等于 5000m³ 的库房，应保证有一支水枪的充实水柱能到达同层内任何部位。

（2）其他民用建筑应保证有 2 支水枪的充实水柱能到达同层内任何部位。

（3）消火栓口距地面的安装高度为 1.1m，栓口宜向下或与墙面垂直安装。为保证及时灭火，每个消火栓处应设置直接启动消防水泵按钮或报警信号装置。

（4）消火栓应设在使用方便的走道内，宜靠近疏散方便的通道口处，楼梯间。

（5）在建筑物顶应设一个消火栓，以利于消防人员经常检查消防给水系统是否能正常运行，同时还能起到保护本建筑物免受邻近建筑火灾波及的作用。

（6）合并系统中，消火栓立管应独立设置，不能与生活给水立管合用。

（7）低层建筑消火栓给水立管直径不小于 50mm，高层建筑消火栓给水立管直径不小于 100mm。

（8）同一建筑内应采用相同规格的消火栓、水龙带和水枪。

2. 用水量

室内消防用水量为同时使用的水枪数量和每支水枪用水量的乘积。根据灭火效果统计，在火灾现场用一支水枪的控制率为 40%，同时用两支水枪的控制率为 65%，因而初期火灾一般应使用不少于两支水枪同时出水，只有建筑物容积较小时才考虑用一支水枪。

消防用水与生活、生产用水统一的室内给水管网，当生活、生产用水达到最大用水量时，应仍能保证供应足够的消防用水量。

五、设置室内消火栓给水系统的原则

按照我国现行的《建筑设计防火规范》《高层民用建筑设计防火规范》和（人民防空工程设计防火规范）的规定，应设置室内消火栓给水系统的建筑如下：

（1）厂房、库房（但耐火等级为 1 级、2 级且可燃物较少的丁、戊类厂房和库房，耐火等级为 3 级、4 级且建筑体积不超过 3000m³ 的丁类厂房和建筑体积不超过 5000m³ 的戊类厂房除外）和科研楼（存有与水接触能引起燃烧爆炸物品和不宜设置给水的房间除外）。

（2）座位超过 800 个的剧院、电影院、俱乐部和座位超过 1200 个的礼堂、体育馆。

（3）建筑体积超过 5000m² 的车站、码头和机场建筑物以及展览馆、商店、住院楼、门诊楼、教学楼和图书馆等。

（4）超过 7 层的单元式住宅和超过 6 层的塔式住宅、通廊式住宅及底层设有商业网点的单元式住宅。

（5）超过 5 层或体积超过 10000m³ 的其他民用建筑。

（6）国家级文物保护单位的重点砖木或木结构的古建筑。

（7）各类高层民用建筑。

（8）使用面积超过 300m²，用作商场、医院、展览厅、体育场、旱冰场、舞厅及电子游艺厅的人防工程；使用面积超过 450m²，用作餐厅丙类和丁类生产车间、丙类和丁类物品库房的人防工程以及用作礼堂、电影院和消防电梯间前室的人防工程。

第三节　自动喷水灭火系统

自动喷水灭火系统是一种固定管网、喷头，能自动喷水灭火，并同时发出火警信号的灭火系统。这种装置可设在原料成品库、木材加工车间、大剧院等火灾危险性较大起火蔓延很快的场所，也可设在无人看管的消防要求较高的建筑内。

一、自动喷水灭火系统的分类

自动喷水灭火系统按喷头开闭形式，分为闭式自动喷水灭火系统和干式自动喷水灭火系统，前者有湿式自动喷水灭火系统，干式自动喷水灭火系统、干湿式自动喷水灭火系统和预作用自动喷水灭火系统之分，后者有雨淋喷水灭火系统、水幕消防系统和水喷雾灭火系统之分。每种自动喷水灭火系统适用于不同的范围。

自动喷水灭火系统有两个基本功能：一个是在火灾发生后自动进行喷水灭火，另一个是能发出警报。

在自动灭火功效上，自动喷水系统所采用的热敏释放元件的灵敏度和可靠性较高，可大大缩短动作时间。随着火势的兴起和熄灭，它能自动喷水和停止喷水。在报警方面，它还可配备感烟、感温的火灾探测系统，除了可利用离现场较近的水力警铃报警外，还能把声、光警报传到消防控制中心。

二、闭式自动喷水灭火系统

（一）湿式自动喷水灭火系统

湿式自动喷水灭火系统是供水管路和喷头内始终充满有压水的自动喷水灭火系统。系统由闭式喷头、管道系统、湿式报警阀、报警装置和供水设施等组成。

发生火灾时，火焰或高温气流使闭式喷头的热敏感元件动作，喷头开启，喷水灭火。此时，管网中的水由静止变为流动，使水流指示器动作送出电信号，在报警控制器上指示某一区域已在喷水。由于喷头开启持续喷水泄压造成湿式报警阀上部水压低于下部水压，在压力差的作用下，原来处于关闭状态的湿式报警阀就自动开启，压力水通过报警阀流向灭火管网，同时打开通向水力警铃的通道，水流冲击水力警铃发出声响报警信号。控制中心根据水流指示器或压力开关的报警信号自动启动消防水泵向系统加压供水，达到持续自动喷水灭火的目的。

湿式自动喷水灭火系统的特点是：结构简单，施工管理方便；经济性好；灭火速度快，控制率高；适用范围广适于设置在室内温度不低于4℃且不高于70℃的建筑物、构筑物内。

湿式自动喷水灭火系统构成的必要条件有：充足的水源；可靠的供水设备和能源驱动，如水泵、水箱及气压供水设备等；成套的阀门、报警及联动设施。管路及自动喷头等。

（二）干式自动喷水灭火系统

干式系统是由湿式系统发展而来的，平时管网内充满压缩空气或氮气。系统由闭式喷头、管道系统、充气设备、干式报警阀、报警装置和供水设施等组成。

启动前，干式报警阀前（与水源相连一侧）的管道内充以压力水，干式报警阀后的管道内充以压缩空气，报警阀处于关闭状态。发生火灾时，闭式喷头热敏感元件动作，喷头开启，管道中的压缩空气从喷头喷出，使干式阀出口侧压力下降从而使报警阀前部水压力大于后部气压力，干式报警阀被自动打开，压力水进入供水管道，将剩余的压缩空气从已打开的喷头处推出，然后喷水灭火。在干式报警阀被打开的同时，通向水力警铃和压力开关的通道也被打开，水流冲击水力警铃和压力开关，并启动水干式自动喷水灭火系统的特点是：报警阀后的管道中无水，不怕冻结，不怕高温；由于喷头动作后有排气过程，所以灭火速度较湿式系统慢；因为有充气设备，建设投资较高，平常管理也比较复杂、要求高；适用于环境温度在4℃以下和70℃以上且不、宜采用湿式自动喷水灭火系统的地方。

干式自动喷水灭火系统与湿式自动喷水灭火系统工作原理的区别，在于前者喷头动作后有一个排气过程，这将影响灭火的速度和效果。对于管网容积较大的干式自动喷水灭火系统，这种不利影响在设计时不能忽略，通常要在干式报警阀出口管道上附加一个"排气加速器"装置，以加快报警阀处的降压过程，让报警阀快些启动，使压力水迅速进入充气管网，缩短排气时间，及早喷水灭火。

（三）干湿式自动喷水灭火系统

干湿两用系统（又称干湿交替系统）是把干式和湿式两种系统的优点结合在一起的一种自动喷水灭火系统，在环境温度高于70℃、低于4℃时系统呈干式，环境温度在4~70℃之间转化为湿式系统。这种系统最适合于季节温度的变化比较明显且在寒冷时期无采暖设备的场所。

干湿两种系统在交替使用时，只需要在两用报警阀内采取如下措施：在寒冷季节将报警阀的销板脱开片板，接通气源，使管路充满压缩空气，呈干式时的工作状态；在温暖季节只需切断气源，使管路充满压力水，即可成为湿式系统。

干湿式自动喷水灭火系统水，气交替使用，对管道腐蚀较为严重，每年水、气各换一次，管理烦琐，因此应尽量不采用。

（四）预作用自动喷水灭火系统

预作用自动喷水灭火系统通常安装在既需要用水灭火，但又绝对不允许发生非火灾跑水现象的地方，如高级宾馆、大型商场、重要的写字楼等。系统由火灾探测报警系统、闭式喷头、预作用阀、充气设备、管道系统及控制组件等组成。

预作用自动喷水灭火系统的特点是：具有干式自动喷水灭火系统平时无水的优点，在预作用阀以后的管网中平时不充水，而充加压空气或氮气，只有在发生火灾时，块火灾探测系统自动打开预作用阀，才使管道充水变成湿式系统，可避免因系统破损而造成的水渍损失；同时它又没有干式自动喷水灭火系统必须待喷头动作后排完气才建能喷水灭火、延迟喷头喷水时间的缺点；另外，系统有早期报警装置，能在喷头动作之筑消前及时报警，以便及早组织扑救。系统将湿式喷水灭火系统与电子报警技术和自动防化技术紧密结合，更完善和安全可靠，从而扩大了系统的应用范围。

（五）团式自动喷水灭火系统的主要组件

1. 闭式喷头

闭式喷头由喷水口、感温释放机构和溅水盘等组成，在系统中担负着探测火灾，启动系统和喷水灭火的任务。

闭式喷头按感温元件的不同，分为玻璃球洒水喷头和易熔元件洒水喷头两种。

2. 报警阀

报警阀的作用是开启和关闭管网的水流，传递控制信号至控制系统并启动水力警铃直接报警，有湿式、干式、干湿式和雨淋式四种类型。

湿式阀用于湿式系统，按结构形式不同有座圈型湿式阀、导阀型湿式阀和蝶阀型湿式阀。干式阀用于干式系统，它的阀瓣将阀门分成两部分：出口侧与系统管路和喷头相连，内充压缩空气；进口侧与水源相连。干式阀利用两侧气压和水压作用在阀瓣上的力矩差控制阀瓣的封闭和开启。雨淋阀在自动喷水灭火系统中用于预防作用系统，此外还用于雨淋喷水灭火系统、水幕系统和水喷雾系统。雨淋阀可用自动控制系统控制，也可手动控制开启。

3. 报警控制装置

报警控制装置是在自动喷水灭火系统中起监测，控制和报警作用，并能发出声、光等信号的装置，主要由控制器、监测器和报警器等组成。

三、干式自动喷水灭火系统

（一）雨淋喷水灭火系统

雨淋喷水灭火系统主要适用于需大面积喷水、要求快速扑灭火灾的特别危险场所。

当系统所保护的区域发生火灾时，感烟探测器就会发出火灾报警信号。此时可稍等感温探测器动作开启雨淋阀喷水灭火；若是感烟探测器发生误报警，可以制止雨淋阀开启。雨淋阀开启后，水进入雨淋管网，喷头喷水灭火，同时水力警铃发出火警信号。

雨淋喷水灭火系统必须具备的条件如下：

（1）充足的水源和加压泵能供应全部喷头足够的有压喷水量。

（2）能够用手动或自动方式开启雨淋阀。

（3）有合格的电动、水动或气动探测系统，在探知火灾发生后能立刻开启雨淋阀。

（4）雨淋管网主管可以设计成预充水湿管系统，充满无压水，但必须有溢流措施，保证平时没有水从喷头溢出。

（5）雨淋管网必须覆盖整个保护区，并装上开式喷头，受保护面积内常温不低于4℃。

（6）传输管路用闭式喷头或用易熔锁封闭有压水流，保证在整个保护面积内的任何处发生火灾后都能使管路泄压。

（7）由感烟、感温探测器控制的立式雨淋阀组成的雨淋喷水灭火系统。

（二）水幕消防系统

水幕消防系统是由水幕喷头、管道和控制阀等组成的喷水系统。其作用是阻止、隔断火情，同时还可以与防火幕配合使用进行灭火。它是可以起冷却、阻火、防火分隔作用的一种自动喷水系统，但不直接进行灭火。

水幕消防系统的工作过程与雨淋喷水灭火系统相同。在功能上两者的主要区别是，水幕喷头喷出的水形成水帘状，因此水幕系统不是直接用于扑灭火灾，而是与防火卷帘、防火幕配合使用用于防火隔断防火分区及局部降温保护等。消防水幕按其作用可分为三种类型：冷却型、阻火型及防火型。

（三）水喷雾灭火系统

水喷雾灭火系统是固定式自动灭火系统的一种类型，是在自动喷水灭火系统的基础上发展起来的。水喷雾灭火系统由水雾喷头、管网、雨淋阀组、给水设备及火灾自动报警控制系统等组成。

水喷雾灭火系统利用水雾喷头在较高的水压力作用下，将水流分离成细小水雾滴喷向保护对象，以实现灭火和防护冷却的作用。

水喷雾灭火系统用水量少，冷却和灭火效果好，使用范围广泛。该系统用于灭火时的适用范围是：扑灭固体火灾、闪点高于60℃的液体火灾和电气火灾。用于防护冷却时的适用范围是：对可燃气体和甲、乙、丙类液体的生产、储存装置和装卸设施进行防护冷却。

水喷雾灭火系统的工作原理与雨淋喷水灭火系统和水幕系统基本相同。水喷雾灭火系统利用高压水通过各种形式的雾化喷头将雾状水流喷射在燃烧物表面，会产生表面冷却、窒息、冲击乳化和稀释四种作用。水喷雾的以上四种作用在灭火时是同时发生的，并以此实现灭火的效果。水喷雾的上述灭火原理，使它不仅在扑灭一般固体可燃物火灾中提高了水的灭火效率，而且由于细小水雾滴的形态所具有的不会造成液体飞溅电气绝缘度高的特点，在扑灭可燃液体火灾和电气火灾中也得到广泛的应用。

（四）干式自动喷水灭火系统的主要组件

1. 开式洒水喷头

开式洒水喷头是无释放机构的洒水喷头，其喷水口是敞开的。按安装形式可分为直立式和下垂式，按结构可分为单臂和双臂两种。

2. 水幕喷头

水幕喷头是开口的喷头，喷头将水喷洒成水帘状，成组布置时可形成一道水幕。按构造和用途不同可分为幕帘式、窗口式和檐口式三类。

3. 水雾喷头

水雾喷头是在一定压力下，利用离心或撞击原理将水分解成细小水滴以锥形喷出的喷水部件。水雾喷头可分为中速水雾喷头和高速水雾喷头两种。

第四节　其他常用灭火系统

一、二氧化碳灭火系统

二氧化碳灭火系统属于纯物理的气体灭火系统，原理是通过减少空气中氧的含量使其达不到支持燃烧的浓度。二氧化碳灭火系统适用于灭火前可切断气源的气体火灾、固体火灾、液体火灾和电气火灾，不得用于扑救硝化纤维、火药等含氧化剂的化学制品火灾。

二氧化碳灭火系统是液化气体型的，储存于高压（p ≥ 6MPa）容器内。当二氧化碳以气体喷向燃烧物时，能对燃烧物产生窒息和冷却的作用。

二氧化碳灭火系统按灭火方式可分为全淹没系统、局部应用系统、手持软管系统和竖管系统，按系统保护范围可分为组合分配系统和单元独立系统。

二氧化碳灭火系统的启动方式有手动式和自动式两种，一般使用手动式，无人时可转换为自动式。该系统的工作原理是：当采用自动式时，探测器在探测到发生火灾后，发出声、光报警，并通过控制盘打开启动用气容器的阀门，放出启动气体来打开选择阀和二氧化碳储存钢瓶的瓶头阀，从而放出二氧化碳灭火。当采用手动式时则直接打开手动启动装置，按下按钮，接通电源，也能按以上程序放出二氧化碳灭火器工作原理。

二、干粉灭火系统

以干粉作为灭火剂的灭火系统称为干粉灭火系统。干粉灭火剂是一种干燥的、易于流动的细微粉末，平时储存于干粉灭火器或干粉灭火设备中，灭火时靠加压气体（二氧化碳或者氮气）的压力将干粉从喷嘴射出，以粉雾的形式灭火，又称为干化学灭火剂。

干粉灭火剂的主要灭火机理是阻断燃烧的链式反应，即化学抑制作用。同时，干粉灭火剂的基料在火焰的高温作用下将会发生一系列的分解反应，这些反应都是吸热反应，可吸收火焰的部分热量。而这些分解反应产生的一些非活性气体如二氧化碳、水蒸气等，对助燃的氧浓度也具有稀释作用。

除扑救金属火灾的专用干粉化学灭火剂外，干粉灭火剂一般分为 BC 干粉灭火剂和 ABC 干粉灭火剂两大类。BC 类干粉根据其制造基料的不同有钠盐、钾盐及氨基干粉之分。这类干粉适用于扑救易燃、可燃液体如汽油、润滑油等的火灾，也可用于扑救可燃气体（液化气、乙炔等）和带电设备的火灾。

干粉灭火具有灭火历时短、效率高、绝缘好、灭火后损失小、不怕冻、不用水、可长期储存、不会对生态环境产生危害等优点。

干粉灭火系统按其安装方式有固定式、半固定式之分；按其控制启动方法又有自动控制、手动控制之分；按其喷射干粉的方式有全淹没和局部应用系统之分。

三、泡沫灭火系统

泡沫灭火的工作原理是：应用泡沫灭火剂，使其与水混溶后产生一种可漂浮、黏附在可燃、易燃液体、固体表面，或者充满某一着火物质空间的物质，达到隔绝、冷却燃烧物质，从而有效灭火的目的。

泡沫灭火剂按其成分，分为化学泡沫灭火剂、蛋白质泡沫灭火剂及合成型泡沫灭火剂等。泡沫灭火系统广泛应用于油田、炼油厂、油库、发电厂、汽车库、飞机库及矿井坑道等场所。

泡沫灭火系统按其使用方式有固定式、半固定式和移动式之分；按泡沫喷射方式有液上喷射、液下喷射和喷淋方式之分；按泡沫发泡倍数有低倍、中倍和高倍之分。

四、卤代烷灭火系统

卤代烷灭火系统是把具有灭火功能的卤代烷碳氢化合物作为灭火剂的一种气体灭火系统。目前应用较多的气体灭火药剂有FM—200(七氟丙烷)和INERGEN(烟烙尽)。卤代烷灭火系统适用于不能用水灭火的场所，如计算机房、图书档案室及文物资料库等。卤代烷灭火系统的组成、工作原理与二氧化碳灭火系统相似。

五、移动式灭火器

移动式灭火器是扑救初起火灾的重要消防器材，外观小巧，轻便灵活，可移动，稍经训练即可掌握其操作使用方法，属消防实战灭火过程中较理想的第一线灭火工具。常见的移动式灭火器有：

1. 移动式泡沫灭火器

移动式泡沫灭火器用于扑灭易燃和可燃液体、可燃固体物质火灾。甲、乙、丙类火灾危险性的厂房、库房以及民用建筑物内，例如，医院、百货楼、展览馆、图书档案楼、旅馆、办公楼、教学楼、邮政楼、科研楼和住宅等处，广泛采用泡沫灭火器。

2. 移动式酸碱灭火器

移动式酸碱灭火器由简体简盖、硫酸瓶胆、喷嘴等组成。简体内装有碳酸氢钠水溶液，硫酸瓶胆内装有浓硫酸。瓶胆口有铅塞，用来封住瓶口，以防瓶胆内的浓硫酸吸水稀释或同瓶胆外的药液混合。酸碱灭火器的作用原理是利用两种药剂混合后发生化学反应，产生压力使药剂喷出，从而扑灭火灾。

移动式酸碱灭火器用于扑灭可燃固体物质火灾。医院、百货楼、展览馆、图书档案楼、旅馆、办公楼、教学楼、影剧院及住宅等处可采用移动式酸碱灭火器。

3. 移动式二氧化碳灭火器

移动式二氧化碳灭火器可以扑灭贵重设备、图书档案、精密仪器、电压在600V以下的电气设备，以及一般可燃固体物质的初起火灾。小型发电机房、电子计算机房、通信调度楼、邮政楼、图书档案楼、车船的机房以及建筑物内的贵重设备室等处，常采用移动式二氧化碳灭火器。

4. 移动式干粉灭火器

移动式干粉灭火器可有效地扑灭易燃和可燃液体、可燃气体、电气设备和一般固体物质火灾。炼油厂和石油化工厂的厂房、库房和露天生产装置区、油库、油船及油槽车，民用建筑的百货楼、展览馆、图书馆、邮政楼、办公楼、旅馆、影剧院、住宅以及高压电容器、调压器室等处，广泛采用移动式干粉灭火器。

第五节　建筑消防系统的管理与维护

一、消防设备管理的内容

消防设备的管理主要是对消防设备的保养和维护。消防设备的维修需要专门的技术，特别是一些关键设备，一般是请政府认可的专业公司进行维护。

1.物业服务公司的职责

（1）熟悉消防法规，了解各种消防设备的使用方法，制定消防制度。

（2）禁止擅自更改消防设备。

（3）定期检查消防设备的完好情况，对使用不当等情况应及时改正。

（4）检查电器、电线、电掣及燃气管道等有无霉坏、锈坏、氧化、熔化及堵塞等情况，防止因短路或爆炸引起火灾。

（5）制止任何违反消防安全的行为。

（6）积极开展防火安全教育，提高全民防火意识。

2.建筑物消防设备的管理

对建筑物消防设备的管理，主要应做好以下几方面的检查工作：

（1）集中报警控制器的检查。

（2）消防泵（喷淋泵、稳压泵）的检查。

（3）水泵接合器的检查。

（4）消火栓的检查。

（5）火灾探测器的检查。

（6）消防电源、消防卷帘的检查。

（7）联动控制设备的检查。

（8）防火门的检查。

（9）紧急广播的检查。

（10）防排烟系统、气体灭火系统的检查。

二、消防管理制度

物业管理部门要结合建筑物的实际情况，建立严格的消防管理制度，而且要认真贯彻落实执行。

1. 消防中心值班制度

消防控制中心要建立 24 小时值班制度，值班人员要具有消防基本知识，同时对建筑物内的消防设备有充分的了解，并懂得火灾事故处理程序，同时值班人员要有高度的责任心和对事物的敏感性。

2. 防火档案制度

物业管理部门要建立防火档案制度，对火灾隐患消防设备状况（位置、功能、状态等）、重点消防部位前期消防工作概况等要记录在案，以备随时查阅，还要根据档案记录的前期消防工作概况，定期进行研究，不断提高防火、灭火的水平和效率。

3. 防火岗位责任制度

物业管理部门要建立各级领导负责的逐级防火岗位责任制，上至公司领导，下至消防员，都要对消防负有一定的责任。

三、室内消火栓给水系统的管理与维护

消火栓在使用过程中应保持清洁、干燥，防止锈蚀、碰伤或其他损坏。每半年至少进行一次全面的检查维修，检查主要包括以下内容：

（1）消火栓和消防卷盘供水闸间不应有渗漏现象。

（2）消火栓内各附件应齐全良好，卷盘转动灵活；消防部件的外观无破损，涂层无脱落，箱门玻璃完好无缺。

（3）报警按钮、指示灯及控制线路功能正常，无故障。

（4）消火栓、供水阀门及消防卷盘等所有转动部位应定期加注润滑油。

四、自动喷水灭火系统的管理与维护

在使用自动喷水灭火系统的过程中，应对系统所用的水源和水压、消防水泵的工作情况、报警系统的工作状态、及干式系统的自动充气装置的工作状态进行日常检查，保证火灾发生时系统能正常运行。

除日常检查外，还须对系统中的设施设备进行定期检查。定期检查的项目主要有：喷头的清洁情况；报警阀的状态；供水管路有无腐蚀渗漏，湿式系统管路中的水是否定期排空，并冲洗管路；消防水箱高位水池及压力罐的工作状态；火灾探测报警装置

和压力开关、水流指示器的工作状态。

自动喷水灭火系统的日常维护管理工作应由专人承担，并建立相关的管理制度。维护管理人员应熟悉自动喷水灭火系统的原理、性能和操作维护规程。自动喷水灭火系统的维护管理工作内容及要求。

五、其他常用灭火系统的管理与维护

（一）气体灭火系统的检查维护

定期对气体灭火系统进行检查和维护，是保持气体灭火系统能发挥预期作用的关键，因此，系统工程通过验收审查、交付使用后，使用单位应按国家标准的有关规定和设计使用维护说明书中的有关要求，加强对该系统的日常维护工作，坚持定期检查与试验，发现问题或故障应及时解决或修复。

系统启动喷射灭火剂后，应及时恢复功能，包括充装灭火剂、增压、更换密封件，对已破坏的零部件及喷嘴防尘罩进行修复、将所有阀门和控制开关复位等。已投入使用的气体灭火系统应具备要求审核的全部文件资料及竣工验收报告，系统的操作规程和系统的检查、维护记录图表。定期检查和维护包括日常维护、月检和年检。

1. 日常维护

日常维护包括清洁、上油漆、修理和每周巡检等工作，由专职的管理人员负责。

每周巡检应检查所有压力表、操作装置、报警系统设备和灭火设备是否处于正常工作状态；检查所有管道和喷嘴有无堵塞或损坏；核查封闭空间的情况和储放使用的可燃物是否符合原设计要求疏散通道是否畅通。

2. 月检

（1）对灭火剂储存容器、选择阀、液体单向阀、高压软管、集流管、阀驱动装置、管网与喷嘴等全部组件进行外观检查。所有组件应无碰撞变形及其他机械性损伤，表面无锈蚀，保护涂层完好，铭牌清晰。手动操作部位的防护罩、铅封和安全标志应完整。

（2）检查卤代烷灭火剂储存容器内的压力。压力降不得大于设计储存压力的10%。

（3）检查气动驱动装置的气动源的压力。压力降不得大于设计压力的10%。

3. 年检

每年应对系统进行两次检查，检查内容和要求除上述月检项目外，还包括下述项目：

（1）检查每个防护区的开口情况，防护区的用途及可燃物的种类、数量和分布情况，应符合原设计规定。

（2）检查灭火剂储瓶间设备和管网及支、吊架的固定情况，应无松动现象。

（3）检查高压软管，应无变形、裂纹及老化现象。如有不合格项目，则应逐根进行水压强度试验和气压严密性试验。

（4）检查各喷嘴孔口，应无堵塞现象。

（5）对灭火剂储存容器逐个进行称重检查，灭火剂净重损失不得大于设计量的 5%。

（6）检查中如发现输送灭火剂管网有损伤和可能堵塞现象，应对其进行气压严密性试验和吹扫。

（7）对每个防护区进行一次模拟自动启动试验。如试验结果有不合格项目，按前述的方法和要求对相应的防护区进行一次模拟喷气试验。

气体灭火系统的维护检查是一项长期、延续的工作，无论是日常维护、月检还是年检，维护检查人员都应按操作规程和检查、维护记录图表做好记录，为今后的维护管理积累必要的档案资料。

维护检查工作应注意安全，防止压力容器、压力气体或电气设备对人员造成意外伤害。

（二）干粉灭火器的检查维护

干粉灭火器的主要检查项目如下：

（1）灭火器应放置在通风、干燥、阴凉并取用方便的地方，环境温度为 - 5~45℃，

（2）灭火器应避免设置在高温、潮湿和有严重腐蚀的场合，防止干粉灭火剂结块、分解。

（3）每半年检查干粉是否结块，储气瓶内的二氧化碳气体是否泄漏。检查二氧化碳储气瓶，应将储气瓶拆下称重，检查称出的重量与储气瓶上钢印所标的数值是否相同，如小于所标值 7g 以上，应送维修部门修理。如为储压式，则检查其内部压力显示表指针是否指在绿色区域。如指针已在红色区域，则说明内部压力已泄漏无法使用，应赶快送维修部门检修。

（4）灭火器一经开启必须再充装。再充装时，绝对不能变换干粉灭火剂的种类，即碳酸氢钠干粉灭火器不能换装磷酸铵盐干粉灭火剂。

（5）每次在充装前或灭火器出厂三年后，应进行水压试验，对灭火器简体和储气瓶应分别进行水压试验。水压试验压力应与该灭火器上标签或钢印所示的压力相同，水压试验合格后才能再次充装使用。

（6）维护必须由经过培训的专人负责，修理再充装应送专业维修单位进行。

第五章 建筑通风与空气调节

基于我国城镇化建设脚步的不断加快，人们对于高质量建筑提出了更高的需求。通风作为建筑建设施工过程的重中之重，是一项不可或缺的关键内容，直接关系到能否为市场客户创建出舒适健康的居住环境。因此本章讲述了建筑通风与空气调节。

第一节 建筑通风基本知识

一、通风系统的作用

建筑通风，就是把室内被污染的空气直接或经净化后排到室外，再把新鲜空气补充进来，达到保持室内的空气环境符合卫生标准的需要。

可见，建筑通风是改善室内空气环境的一种手段，它包括从室内排除污浊空气和向室内补充新鲜空气两个方面，前者称为排风，后者称为送风。为实现排风和送风所采用的一系列设备、装置的总体称为通风系统。

二、通风系统的分类

建筑通风，按通风系统的工作动力不同，可分为自然通风和机械通风两种。

（一）自然通风

自然通风主要是依靠室外风所造成的自然风压和室内外空气温度差所造成的热压来迫使空气流动，从而改变室内空气环境。自然通风作为建筑节能很重要的一部分，对建筑物内部的能耗控制、环境质量控制起到不可或缺的作用。

自然通风可利用建筑物设置的门窗进行通风换气，是一种既经济又有效的措施。在对室内空气的温度、湿度、洁净度、气流速度等参数无严格要求的场合，应优先考虑自然通风。在建筑物的迎风面上，空气流动受到阻碍，将风的动压转化为静压，迎风面压力高于大气压力；在建筑物的背面和顶面形成涡流，且压力低于大气压。这样，压差的存在造成了室内空气流动。

热压作用下的自然通风是利用室内外空气温度的不同而形成的密度、压力差造成的室内外的空气交换。当建筑物受到风压和热压的共同作用时，在建筑物外围各窗孔上作用的内外压差等于其所受到的风压和热压之和。充分利用风压、热压作用下的自然通风是现代绿色环保建筑的重要内容之一，是改善室内空气质量、创造舒适环境优先采用的措施之一。

自然通风的优点是不消耗能源、经济实用、投资省；缺点是风压动力小，受室外自然条件影响大，空气不能进行预先处理，排出的空气没有进行除尘和净化，会污染周围环境。

（二）机械通风

依靠通风机所造成的压力，来迫使空气流动，进行室内外空气交换的方式叫做机械通风。根据通风范围的不同，机械通风又可分为全面通风、局部通风和混合通风三种。采用哪种通风方式主要取决于有害物质产生和扩散的范围的大小，有害物质面积大则采用全面通风，相反可采用局部和混合通风。

1. 全面通风

全面通风是对整个控制空间进行通风换气，这种通风方式实际上是将室内污浊的空气稀释，使整个控制空间的空气质量达到容许的标准，同时将室内被污染的空气直接或经处理后排出室外。

一种最简单的全面通风方式，装在外墙上的轴流风机把室内污浊空气排至室外，使室内造成负压（室内压力低于室外大气压力）。在负压作用下，室外新鲜空气经窗孔流入室内，补充排风，稀释室内污浊空气。采用这种通风方式，室内的有害物质不流入相邻的房间，它适用于室内空气较为污浊的房间，如厨房、厕所等。

利用离心式风机把室外新鲜空气（或经过处理的空气）经风管和送风口直接送到指定地点，对整个房间进行换气，稀释室内污浊空气。由于室外空气的不断送入，室内空气压力升高，使室内压力高于室外大气压力（即室内保持正压）。在这个压力作用下，室内污浊空气经门、窗及其他缝隙排至室外。采用这种通风方式，周围相邻房间的空气不会流入室内，它适用于清洁度要求较高的房间，如旅店的客房、医院的手术室等。

同时设有机械通风和机械排风的全面通风系统。室外空气根据需要进行过滤和加热处理后送入室内，室内污浊空气由风机排至室外，这种通风方式的效果较好。全面通风系统适用于有害物分布面积广以及某些不适宜采用局部通风的场合。

2. 局部通风

局部通风是指使室内局部工作地点保持良好的空气环境，或在有害物产生的局部地点设排风装置，不让有害物在室内扩散而直接排出的一种通风方法。局部通风系统又分为局部排风和局部送风两类。

局部排风系统示意图。它是在有害物发生地点设置局部排风罩，尽可能把有害物源密闭，并通过风机的抽风，把污染气流直接排至室外。寒冷地区在设置局部排风系统的同时，需设置热风采暖系统。

机械局部送风系统，通常将送风口设置在工作人员的工作地点，使人员周围的空气环境得以改善。

采用机械通风系统具有使用灵活方便、通风效果良好稳定、可以精确地调控室内环境的优点；缺点是耗能大、投资大，需专人对设备进行日常维护和管理。

三、通风系统的组成

通风工程一般包括风管、风管部件、配件、风机及空气处理设备等。风管部件指各类风口、阀门、排气罩、消声器、检查测定孔、风帽、托（支）架等；风管配件指弯管、三通、四通、异径管、静压箱、导流叶片、法兰及法兰连接件等。

（一）吸风口

将被污染的空气吸入排风管道内，其形式有吸风罩、吸风口、吹吸罩等。

（二）排风管道及管件

用于输送被污染的空气。

（三）排风机

利用排风机提供的机械动力强制排出被污染空气。

（四）风帽

将被污染的空气排入大气中，防止空气或雨水灌入管道。

（五）空气净化处理设备

当被污染的空气中有害物浓度超过卫生许可标准时，排放前需要净化处理，常用的设备是除尘器。

第二节　通风管道及设备

自然通风系统一般不需要设置设备，机械通风的主要设备有风机、风管或风道、风阀、风口和除尘设备等。

一、风机的分类及性能

1.风机的分类

风机是通风系统中为空气的流动提供动力以克服输送过程中的阻力损失的机械设备。在通风系统中应用最广泛的是离心式通风机和轴流式通风机。

离心式通风机由叶轮、机壳、机轴、吸气口、排气口等部件组成。当叶轮旋转时，叶片间的气体也随叶轮旋转而获得离心力，气体跟随叶片在离心力的作用下不断流入与流出。

轴流式通风机通常将叶片通过轮毂与电动机直联装在机壳内，电动机带动叶轮旋转后，空气一方面随叶轮作旋转运动，另一方面又因为叶片具有斜面形状，使空气沿着机轴方向向前推进，并以一定速度被送出，其原理与家用电扇相类似。这种风机结构简单、噪声小、风量大，主要用于厂房、公共建筑和民用建筑的通风换气。

轴流式通风机可安装在建筑物的墙洞内、窗口上，亦可设在单独的支架上。在墙洞内设置轴流式通风机时，土建施工时应预留孔洞，预埋风机框架和支座。并应考虑遮阳、防雨措施，通常加设一个斜向下方45°的弯管。

2.风机的技术性能

（1）风量：指风机在工作状态下，单位时间输送的空气量，单位为 m³/h。

（2）风压：指风机所产生的压强，单位为 Pa。

（3）有效功率：指风机传送给空气的功率，它等于风量与风压的乘积，单位为 W。

二、通风管道

通风管道是通风系统的重要组成部分，其作用是输送气体。根据制作所用的材料不同可分为风管和风道两种。

（一）通风管道的材料

在工程中采用较多的是风管，风管是用板材制作的，风管的材料应根据输送气体的性质（如一般空气或腐蚀性气体等）来确定。常用的风管材料有：

（1）普通薄钢板：又称黑铁皮，结构强度较高，具有良好的加工性能，价格便宜，但表面易生锈，使用时应做防腐处理。

（2）镀锌铁皮：又称"白铁皮"，是在普通薄钢板表面镀锌而成，既具有耐腐蚀性能，又具有普通薄钢板的优点，应用广泛。

（3）不锈钢板：在普通碳素钢中加入铬、镍等惰性元素，经高温氧化形成一个紧密的氧化物保护层，这种钢就叫"不锈钢"。不锈钢板具有防腐、耐酸、强度高、韧性大、表面光洁等优点，但价格高，常用在化工等防腐要求较高的通风系统中。

（4）铝板：铝板的塑性好、易加工、耐腐蚀，由于铝在受摩擦时不产生火花，故常用在有防爆要求的通风系统上。

（5）塑料复合板：在普通薄钢板表面上喷一层 0.2mm~0.4mm 厚的塑料层，使之既具有塑料的耐腐蚀性能，又具有钢板强度大的性能，常用在 - 10 度 ~70℃ 的耐腐蚀通，风系统上。

（6）玻璃钢板：玻璃钢是由玻璃纤维和合成树脂组成的一种新型材料。它具有质轻、强度高、耐腐蚀、耐火等特点，广泛用在纺织、印染等含有腐蚀性气体以及含有大量水蒸气的排风系统上。

在工程中有时还可以用砖、混凝土、矿渣石膏板等建筑材料制作成的风道。

（二）通风管道的连接

按金属板材连接的方法，金属板材的连接可分为咬接、铆接和焊接三种。

（三）垫料

垫料主要用于风管之间、风管与设备之间的连接，用以保证接口的密封性。法兰垫料应为不招尘、不易老化和具有一定强度和弹性的材料，厚度为 5mm~8mm 的垫料有橡胶板、石棉橡胶板、石棉绳、软聚氯乙烯板等。国内广泛推广应用的法兰垫料为泡沫氯丁橡胶垫，其中一面带胶，使用这种垫料操作方便，密封效果较好。

（四）风管的断面形状

风管的断面形状有圆形和矩形两种。在断面面积相同时，圆形风管的阻力小，材料省，强度大。在通风除尘工程中常采用圆形风管，在民用建筑空调工程中常采用矩形风管。

矩形风管的宽高比最高可达 8：1，在工程应用上应尽可能控制在 4：1 以下。

三、风阀

风阀装设在风管或风道中，主要用于空气的流量调节。通风系统中的风阀可分为一次调节阀、开关阀和自动调节阀等。其中，一次调节阀主要用于系统调试，调好阀门位置就保持不变，如三通阀、蝶阀、对开多叶阀、插板阀等；开关阀主要用于系统的启闭，如风机启动阀、转换阀等。自动调节阀是系统运行中需经常调节的阀门，它要求执行机构的行程与风量成正比，多采用顺开式多叶调节阀和密闭对开多叶调节阀。

四、风口

风口分为进气口和排气口两种，装设在风管或风道的两端，根据使用场合的不同，分为室内和室外两种形式。

（一）室外进气口

室外进气口是通风系统采集新鲜空气的入口，可设专门采气的进气塔，或设于外围结构的墙上，经百叶风格和保温阀进入。百叶风格是为了避免雨、雪或外部杂物被吸入而设置的；保温阀则用于调节通风，并防止冬季因温差结露而侵蚀系统。为保证吸入空气的清洁度，进风口应该选择在空气比较新鲜、尘埃较少或离开废气排气口较远的地方。

（二）室外排风口

室外排风口是排风管道的出口，它负责将室内的污浊空气直接排到大气中去。排风口通常设置在高出屋面1米以上的位置，为防止雨、雪或风沙倒灌，出口处应设有百叶风格和风帽。

（三）室内进气口

室内进气口是送风系统的空气出口，它把风道送来的新鲜空气按一定的方向和速度均匀地送入室内。进气口的具体形式很多，一般采用可调节的活动百叶式风格，可调节风量和风向。当送风量较大时，需采用空气分布器。

五、除尘设备

为防止污染，在室内空气排出大气前应进行净化处理，使粉尘与空气分离，进行这种处理过程的设备称为除尘设备。除尘设备主要有挡板式除尘器、重力沉降室、旋风式除尘器、袋式除尘器和喷淋塔式除尘器五种类型。下面简单介绍重力沉降室和旋风除尘器。

1. 重力沉降室

是一种粗净化的除尘设备。具有结构简单、制作方便、流动阻力小等优点，目前多用于双级除尘的第一级除尘。

2. 旋风除尘器

旋风除尘器可设置在墙体的支架上，也可设置在独立的支座上，可单独使用，亦可多台并联使用。旋风除尘器具有结构简单、体积小、维修方便等优点，所以，在通风除尘工程中应用广泛。

第三节　空气调节系统工作原理

一、空调系统的概念

空气调节，就是通过采用一定的技术手段，在某一特定空间内，对空气环境（温度、湿度、洁净度、流动速度）进行调节和控制，使其达到并保持在一定范围内，以满足工艺过程和人体舒适的要求。它由冷热源系统、空气处理与能量输送分配系统和自动控制系统四个子系统组成。

二、空调系统工作原理

为了对空气环境进行调节和控制，需对空气进行加热、冷却、加湿、减湿、过滤、输送等各种处理，空调系统就是完成这一工作的设备装置。

（一）冷热源系统

冷热源系统属于空调系统的附属系统，它负责提供空气处理过程中所需的冷量和热量。

冷源系统是利用制冷装置产生冷量，利用冷介质的循环将冷量输送到空气处理系统中，通过热交换设备提供空气调节过程中所需的冷量。热源系统的工作原理与前面所学的供暖系统相似，它利用热媒的循环将热量从热源输送到空气处理系统中，通过热交换设备提供空气调节过程所需的热量。

（二）空气处理系统与能量输送分配系统

空气处理系统与能量输送分配系统，负责完成对空气的各种处理和输送，是空调系统的主要环节。风机在风压作用下，室外空气从新风管进入系统，与从回风管引入的部分室内空气混合，经空气过滤器进行过滤处理，再经空气冷却器、空气加热器等进行空气的冷却和加热处理，然后经喷水室进行加湿或减湿处理，最后经送风管道输送到空调房间，实现对室内空气环境的调节和控制。

为了节省能源，系统将一部分室内空气与室外新鲜空气混合后再进行处理，这部分的室内空气称为回风，而室外新鲜空气称为新风。

（三）自动控制系统

自动控制系统用于对空调房间内的空气温度、湿度及所需的冷热源的能量供给进行自动控制，它利用温度、湿度传感器对室内空气参数进行检测，并利用控制器对空气处理系统的冷、热介质管道的阀门进行控制，使其流量产生变化，以控制室内空气的状态参数。

空调系统还包括三大独立的循环管路，即制冷工质循环、热媒循环和冷媒循环管路。制冷工质在制冷装置中是制冷剂，它用其他能量作为动力，形成高温区和低温区。高温区的工质向热媒传送高温热量，使热媒温度升高；低温区的工质吸收冷媒中的热量，使冷媒温度降低。对工质的要求是性能稳定，安全高效，无污染。工质在制冷机中，温度、压力由高到低又由低到高地不停变化，形成一个独立的、封闭的管路循环系统。热媒即输热介质，负责把工质中的热量连续不断地输送出去，通常是水、水蒸气或空气。冷媒即输冷介质，负责把被工质冷却的介质连续不断地输送出去，通常是水、盐水或空气。空调制冷系统中常用的冷媒是水，这种水称为冷冻水。热媒和冷媒的循环有封闭系统也有开放系统。

第四节 空调系统的分类

空气调节系统按设备的设置情况可分为集中式、全分散式（独立式）和半集中式三种类型。

一、集中式空调系统

集中式空调系统是将空气处理设备集中设置，组成空气调节器时，空气处理的全过程在空气调节器内进行，然后通过空气输送管道和空气分配器送到各个房间，这种空调系统又称为中央空调系统。这种空调系统处理空气量大，需要集中的冷源和热源，运行可靠，便于管理和维修，但机房占地面积大。

集中式空调系统按其处理空气的来源，又可分为封闭式、直流式和混合式三种系统。

按其处理空气的来源不同，可分为：

（1）封闭式集中空调系统：也称为全循环式集中空调系统。它所处理的空气全部来自空调房间，全部为再循环空气，没有室外新鲜空气补充到系统中来。这种系统卫生条件差，但能耗低。

（2）直流式集中空调系统：也称为全新风式集中空调系统。它所处理的空气全部来自室外，室外空气经处理后送入室内，使用后全部排出到室外。其处理空气的耗能量大。这种空调系统适用于室内空气不宜循环使用。

（3）混合式集中空调系统：也称为有回风式集中空调系统。从上述两种集中空调系统可见，封闭式系统不能满足卫生要求，而直流式系统又有利弊，故采用两种系统混合，即使用一部分室内再循环空气，又使用一部分室外新鲜空气，称为混合式集中空调系统。这种系统既能满足卫生要求，又经济合理，所以得到较广泛的应用。

二、半集中式空调系统

这种系统除设有集中空调机房外，还在空调房间内设有二次空气处理设备（又称为末端装置）。末端装置为诱导器者，又称为诱导器空调系统；末端装置为风机盘管者，又称为风机盘管系统。末端装置的作用主要是在空气进入空调房间之前，对来自集中处理设备的空气做进一步补充处理，以适应不同房间对空气温、湿度的不同要求。风机盘管也可对房间内空气单独处理。

三、全分散式空调系统

全分散式空调系统也称为局部空调。它的特点是把空气处理设备、冷热源（即制冷机组和电加热器）和输送设备（风机）集中设置在一个箱体中，组成空调机组，不需要集中空调机房，可把空调机组灵活而分散地设置在空调房间里。一个或几个邻近房间内单独设置空调机组（空调器），各空调器各自独立运行。一般有壁挂式、吊顶式、窗台式、窗户式和落地式等。这种系统的突出优点是空调设备使用灵活，安装方便，节省大量的风道。适用于面积小、房间分散和热湿负荷相差大的场合，如办公室机房及家庭等。

空调器可按容量大小和供热方式两种方式分类。

按容量大小可分为：

（1）窗式空调器：容量较小，冷量一般在 7kW 以下，风量在 1200m³/h。

（2）分体式空调器：由室外机和室内机两部分组成。将运转时产生较大噪声的压缩机及冷凝器安装在一个箱体内，装在空调房间外，称为室外机；将蒸发器及自动控制部件安装在一个箱体内，装在空调房间内，称为室内机。室内机和室外机中的制冷部件用管道连接起来。

选购空调的主要依据有两个：一是制冷量（功率），二是能效比。

正常情况下，空调器的能效比在 2.5~3.5，越高越好。

社会上常用一个不太准确的匹的概念。1 匹的制冷量大约为 2000 大卡，换算成国际单位应乘以 1.162，1 匹制冷量为 2000 大卡 × 1.162=2324W。空调的制冷量为 2200W~2600W 时都可称为 1 匹，在 3200W~3600W 时称为 1.5 匹，在 4500W~5100W 时称为 2 匹。

第五节　常用空调设备

一、空气净化设备

空气净化设备（又称空气清洁设备、空气清新机），是指能够吸附、分解或转化各种空气污染物（一般包括粉尘、花粉、异味、甲醛之类的装修污染、细菌、过敏原等），目前以清除室内空气污染的家用和商用空气净化设备为主。

空气净化设备主要构成有机箱外壳、过滤段、风道设计、电机、电源、液晶显示屏等。决定寿命的是电机，决定净化效能的是过滤段，决定是否安静的是风道设计、机箱外壳、过滤段和电机。

目前，国内外空气净化产品普遍采用的净化技术主要有紫外线净化、光触媒净化、等离子体净化、过滤净化（HEPA）、静电集尘、吸附净化、负离子净化、臭氧净化、分子络合、HIMOP 快速净化等方法。

PM2.5，即细颗粒物。细颗粒物指环境空气中空气动力学当量直径小于或等于 2.5 微米的颗粒物。它能较长时间悬浮于空气中，其在空气中含量浓度越高，就代表空气污染越严重。虽然 PM2.5 只是地球大气成分中含量很少的组分，但它对空气质量和能见度等有重要的影响。与较粗的大气颗粒物相比，细颗粒物粒径小，含大量的有毒、有害物质且在大气中的停留时间长、输送距离远，因而对人体健康和大气环境质量的影响更大。研究表明，颗粒越小对人体健康的危害越大。

细颗粒物对人体健康的危害要更大，因为直径越小，进入呼吸道的部位越深。10μm直径的颗粒物通常沉积在上呼吸道，2μm以下的可深入到细支气管和肺泡。细颗粒物进入人体到肺泡后，直接影响肺的通气功能，使机体容易处在缺氧状态。

每年有70万人死于因臭氧导致的呼吸系统疾病，有近200万的过早死亡病例与颗粒物污染有关。《美国国家科学院院刊》（PNAS）也发表了研究报告，报告中称，人类的平均寿命因为空气污染很可能已经缩短了5年半。

二、空气加湿设备与减湿设备

（一）空气的加湿方法与处理设备

空气加湿的方式有两种：一种是在空气处理室或空调机组中进行，称为集中加湿；另一种是在房间内直接加湿空气，称为"局部补充加湿"。

用喷水室加湿空气，是一种常用的集中加湿方法。对于全年运行的空调系统，如果夏季是用喷水室对空气进行减湿冷却处理的，在其他季节需要对空气进行加湿处理时，可仍使用该喷水室，只需相应地改变喷水温度或喷淋循环水，不必变更喷水室的结构。

常用的加湿方法还有喷蒸汽加湿和水蒸发加湿。喷蒸汽加湿是用普通喷管（多孔管）或专用的蒸汽加湿器将来自锅炉房的水蒸气喷入空气中。水蒸发加湿是将常温水雾化后直接喷入空气中，水吸收空气中的热量而蒸发成水汽，增加空气的含湿量。常用水蒸发加湿设备有压缩空气喷水装置、电动喷雾器和超声波加湿器等，这种方式主要用于空调机组中。

（二）空气的减湿方法与处理设备

当空气湿度比较大时，可以用空气除湿设备降低湿度，使空气干燥。民用建筑中的空气除湿设备主要是制冷除湿机。

制冷除湿机由制冷系统和风机等组成。待处理的潮湿空气通过制冷系统的蒸发器时，由于蒸发器表面的温度低于空气的露点温度，不仅使空气降温，而且能析出一部分凝结水，这样便达到了空气除湿的目的。冷却除湿的空气通过制冷系统的冷凝器时，又被加热升温，降低了空气的相对湿度。

三、表面式换热器

表面式换热器包括表面式空气加热设备和表面式空气冷却设备。它的原理是让媒质通过金属管道而对空气进行加热或冷却。

（一）表面式空气加热器

在空调系统中，管内流通热媒（热水或蒸汽），管外加热空气，空气与热媒之间通过金属表面换热的设备，就是表面式空气加热器。不同型号的加热器，其肋管（管道及肋片）的材料和构造形式多种多样。根据肋管加工的不同做法，可以制成穿片式、螺旋翅片管式、镶片管式、轧片管式等几种不同的空气加热器。用于半集中式空调系统末端装置中的加热器，通常称为"二次盘管"。有的专为加热空气用，也有的属于冷、热两用型，即冬季作为加热器，夏季作为冷却器。其构造原理与上述大型的加热器相同，只是容量小、体积小，并使用有色金属来制作（如铜管铝肋片等）。

（二）表面式空气冷却器

表面式冷却器分为水冷式和直接蒸发式两种类型。水冷式表面空气冷却器与表面式空气加热器的原理相同，只是将热媒（热水或蒸汽）换成冷媒（冷水）而已。直接蒸发式表面空气冷却器，就是制冷系统中的蒸发器。这种冷却方式，是靠制冷剂在其中蒸发吸热而使空气冷却的。

使用表面式空气冷却器，能对空气进行等湿冷却（使空气的温度降低但含湿量不变）和减湿冷却两种处理，这决定于冷却器表面的温度是高于还是低于空气的露点温度。

表面式换热器具有设备紧凑、机房占地面积小、冷源热源可密闭循环不受污染及操作管理方便等优点。其主要缺点是不便于严格控制和调节被处理空气的湿度。

四、消声和减振设备

（一）空调系统的消声设备

空调设备（主要是风机）在运行时产生噪声和振动，并通过风道或其他结构物传入空调房间。因此，对于要求控制噪声和防止振动的空调工程，应采取适当的消声和减振措施。消声措施包括减少噪声的产生和在系统中设置消声器两个方面。

1. 减少噪声的措施

（1）选用低噪声型并且转速和叶轮圆周速度都比较低的风机，并尽量使其工作点接近最高效率点。

（2）电动机与风机的传动方式最好用直接传动，如不可能，则采用带式传动。

（3）适当降低风道中空气的流速，有一般消声要求的系统，主风道中的流速不宜超过 8m/s，有严格消声要求的系统不宜超过 5m/s。

（4）将风机安在减振基础上，并且进出口与风道之间采用柔性连接（软接）；在空调机房内和风道中粘贴吸声材料，以及将风机安装在单独的小室内等。

2. 常用的消声设备

（1）阻性消声器。

阻性消声器把吸声材料固定在气流流动的管道内壁，利用吸声材料消耗声能，降低噪声。常用的有管式、片式、格式、声流式等。阻性消声器对中、高频噪声消声效果好，对低频噪声消声效果差。适合消除空调通风系统及以中、高频噪声为主的各类空气动力设备噪声。

（2）抗性消声器。

抗性消声器多用于消除低频或低中频噪声。在结构上分为膨胀型、共振型、微穿孔板、阻抗复合型和消声静压箱消声器。

膨胀型消声器：利用气流通道断面的突然扩大，使沿通道传播的声波反射回声源方向。膨胀型消声器结构简单，不使用消声材料，耐高温和腐蚀，对中、低频噪声效果较好。为了保证消声效果，膨胀型消声器的膨胀比较大，通常为 4~10 倍，所以多用于小管道。

共振型消声器：由一段开有若干小孔的管道和管外一个密闭的空腔构成。小孔和空腔组成一个共振吸声结构，利用噪声频率与吸声结构固有频率相同时产生共振，导致共振吸声结构内的空气柱与结构体产生剧烈摩擦消耗声能，从而消声。吸声结构的固有频率由小孔直径、孔颈厚度和腔深所决定。共振型消声器具有强的频率选择性，对所选定的频率声消声效果好。用吸声材料消耗声能，降低噪声。常用的有管式、片式、格式、声流式等。

微穿孔板消声器：当共振消声器的穿孔板直径小于 1mm 时，就成为微穿孔板消声器。板上的微孔有较大的声阻，吸声性能好，微孔与共振腔组成一个共振系统，因此消声频程宽，对空气的阻力也小，不使用吸声材料，不起尘，特别适用于高温、潮湿以及洁净要求的管路系统消声。

阻抗复合消声器：阻性消声器和抗性消声器都有各自的频率范围。阻性适用于中、高频；而抗性对低、中频噪声有较好的消声效果。对脉动低频噪声源和变频带噪声源，单纯地阻性和抗性的消声效果都不好，所以结合阻性和抗性的消声原理做成宽频程的阻抗复合型消声器。但单从高频或低频段来看，同样尺寸的复合型消声器，消声性能分别不如单独的阻性消声器和抗性消声器好。

消声静压箱消声器：消声静压箱是在风机出口处，或空气分布器前设置内壁面贴吸声材料空箱，达到既可稳定气流，又可起到消声的作用。

各种消声器应设在接近声源的位置，安装在直线段，通常应布置在靠近机房的气流稳定管段上，与风机出入口、弯头、三通等的距离宜大于 4~5 倍风管直径或相当直径。如系统所需的消声量较大或不同房间的允许噪声标准不同时，可在总管和支管上分段设置消声器。

各种消声器应注意保洁，避免油烟气体的污染，才能起到应有的作用。

（二）空调系统的减振设备

空调系统中的风机、水泵、制冷压缩机等设备运转时，会因转动部件的质量中心偏离轴中心而产生振动。该振动传给支撑结构（基础或楼板），并以弹性波的形式从运转设备的基础沿建筑结构传递到其他房间，再以噪声的形式出现，称为固体声。振动噪声会影响人的身体健康、工作效率和产品质量，甚至危及建筑物的安全，所以，对通风空调中的一些运转设备需要采取减振措施。

空调装置的减振措施就是在振源和它的基础之间安装弹性构件，即在振源和支撑结构之间安装弹性避振构件（如弹簧减振器、软木、橡皮等），在振源和管道间采用柔性连接，这种方法称为积极减振法。对精密设备、仪表等采取减振措施，以防止外界振动对它们的影响，这种方法称为消极减振法。

空调设备常用橡胶减振垫、橡胶减振器、弹簧减振器等。

1. 橡胶减振垫

橡胶弹性好、阻尼比大、制造方便，是一种常用的较理想的隔振材料。它可以一块或多块叠加使用，但易受温度、油质、阳光、化学溶剂的侵蚀，易老化。该类减振装置主要是采用经硫化处理的耐油丁腈橡胶制成。使用时，将橡胶材料切成所需要的面积和厚度，直接垫在设备下面，一般不需要预埋螺栓固定，易加工制作，安装方便。

2. 橡胶减振器

橡胶减振器是由丁腈橡胶制成的圆锥形状的弹性体，并粘贴在内外金属环上，受剪切力的作用。它有较低的固有频率和足够的阻尼，减振效果好，安装和更换方便，且价格低廉。一般情况下，设备转速 n>1200r/min 时，宜采用橡胶减振器。

3. 弹簧减振器

弹簧减振器由单个或数个相同尺寸的弹簧和铸铁护罩组成，用于机组座的安装及吊装。它的固有频率低，静态压缩量大，承载能力大，减振效果好，性能稳定，应用广泛，但价格较贵。另外，在弹簧减振器底板下面垫有 10mm 厚的橡胶板，还能起到隔音作用。当设备转速 n<1200r/min 时，宜采用弹簧减振器。

4. 金属弹簧与橡胶组合减振器

当采用橡胶减振器满足不了减振要求，而采用金属弹簧减振又阻尼不足时，可以采用金属弹簧和橡胶组合减振器。该减振器有并联和串联两种形式。在实际工程中，为了方便设计和安装，一些设备如风机、水泵、制冷机组等会自带配套的减振装置，可以按照施工图纸直接安装。

五、空气输送与分配设备

空气调节系统中空气的输送与分配是利用风机、送、回风管及空气分配器（布风器）和空气诱导器来实现的。

（一）风机

空调系统的风机主要采用离心风机。离心风机的叶片形式主要有后弯、前弯两类，大、中型空调系统较多采用后弯叶片的离心风机，小型空调设备（如风机盘管、房间空调器等）中较多使用前弯叶片的离心风机。

（二）风管

风管用材料应表面光洁，质量轻，方便加工和安装，并有足够的强度、刚度，且抗腐蚀。常用的风管材料有薄钢板、铝合金板或镀锌薄钢板等，主要有矩形和圆形两种截面。为调节风管的空气流量，实现空气的合理分配，在风道和支管中常设有调风门。

（三）空气分配器

空气分配器用于低速空调系统，一般有辐射形空气分配器、轴向送风空气分配器、线形送风空气分配器、面形送风空气分配器、多用形送风空气分配器等形式。

（四）空气诱导器

诱导器为高速空调系统的主要送风设备。从空调器来的一次风在通过喷嘴时得到高速（约 20m/s~30m/s）。由于喷出气流的引射作用，室内的空气（称二次风）通过进风栅被吸入诱导器，这种吸入现象称为"诱导"。一次风与二次风在混合室内混合，最后从出风栅送出。

空调室内的气流组织不但取决于诱导器和空气分配器的结构、工作性能、送风口布置等，而且回风口的结构、布置位置对气流组织也有一定影响。良好的回风能促使气流更加均匀、稳定。一般空调房间多采用百叶窗式回风口，并较多布置在房门或近于走廊的墙壁下面使回风直接进入走廊。

对某些空气污浊有气味的房间，如厕所、浴室等，一般不设专门送风装置，而只是从走廊引进一部分回风，然后再把这部分回风连同污浊空气通过排风管排至室外。

第六节　空调制冷制热

制冷系统是空调系统的"冷源"，它通过制备冷冻水提供给空气处理设备使用，向整个系统提供冷量，它由制冷装置、冷冻水管路和冷却水管路三个子系统组成。

一、制冷装置

制冷装置是制冷系统的核心，常见的制冷方式有压缩式、吸收式和蒸汽喷射式三大类。

1.压缩式制冷机

利用"液体汽化时要吸收热量"这一物理特性，通过制冷剂（工质）的热力循环，以消耗一定量的机械能作为补偿条件来达到制冷的目的。

压缩式制冷机是由制冷压缩机、冷凝器、膨胀阀和蒸发器四个主要部件所组成，并用管道连接，构成一个封闭的循环系统制冷剂在制冷系统中历经蒸发、压缩、冷凝和节流四个热力过程。

在蒸发器中，低压低温的制冷剂液体吸取其中被冷却介质（如冷水）的热量，蒸发成为低压低温的制冷剂蒸汽，每小时吸收的热量0，即为制冷量。

由于冷凝器中所使用的冷却介质（水或空气）的温度比被冷却介质（水或空气）的温度高得多，因此，上述人工制冷过程实际上就是从低温物体夺取热量而传递给高温物体的过程。由于热量不可能自发地从低温物体移到高温物体，故必须消耗一定量的机械能量作为补偿条件，正如要使水从低处流向高处时，需要通过水泵消耗电能才能实现一样。

目前常用的制冷剂有氨和卤代烃（俗名氟利昂），它们各具特点。氨有良好的热力学性质，价格便宜，但对人体有强烈的刺激作用，并且容易燃烧和爆炸。氟利昂是饱和碳氢化合物的卤族衍生物的总称，种类很多，可以满足各种制冷要求，目前国内常用的是R12（CF，C1）和R22（CHF，C1）。这种制冷剂的优点是无毒、无臭、无燃烧爆炸危险，缺点是对大气臭氧层有破坏，渗透性强并且不易被发现。中小型空调制冷一般多采用这种制冷剂。现已有新型的替代制冷剂出现，如R134a。

压缩式制冷系统，根据所采用的制冷剂不同，可分为氨制冷系统和氟利昂制冷系统两类。这两类制冷系统中，除具备上述四个主要部件外，为保证系统的正常运转，尚需配备一些辅助设备，包括油分离器（分离压缩后制冷剂蒸气夹带的润滑油）、贮液器（存放冷凝后的制冷剂液体，并调节和稳定液体的循环量）、过滤器和自动控制器件等。此外，氨制冷系统还配有集油器和紧急泄氨器等；氟利昂制冷系统还配有热交换器和干燥器等。

2. 吸收式制冷机

吸收式制冷机以溴化锂水溶液为工质，其中以水为制冷剂，溴化锂溶液为吸收剂。它利用溴化锂水溶液在常温下（特别是在温度较低时）吸收水蒸气的能力很强，而在高温下又能将所吸收的水分释放出来的特性，以及利用制冷剂水在低压下汽化时要吸收周围介质的热量的特性来实现制冷的目的。

水的蒸发温度与压力大小有关，压力越低，水越容易沸腾。在吸收式制冷中，作为制冷剂的水在实现制冷循环过程中都是在高真空度下进行的，这是吸收式制冷的工作特点。

制冷剂水在蒸发器内夺取空调回水的热量（即制冷过程）而汽化形成水蒸气，水蒸气进入吸收器中被浓溴化锂水溶液吸收，吸收水蒸气的溴化锂水溶液浓度变稀后，被送至发生器加热浓缩，在加热过程中，溶液中的水重新汽化成水蒸气，再通过冷凝器将水蒸气冷凝为水，形成冷凝水，经节流装置又进入蒸发器中，再行汽化吸热，制备出空调冷冻水。

二、冷冻水系统

冷冻水系统负责将制冷装置制备的冷冻水输送到空气处理设备，一般可分为闭式系统和开式系统。

对于变流量调节系统，常采用闭式系统，其特点是和外界空气接触少，可减缓对管道的腐蚀，制冷装置采用管壳式蒸发器，常用于表面冷却器的冷却系统。而定流量调节系统，常采用开式系统，其特点是需要设置冷水箱和回水箱，系统的水容量大，制冷装置采用水箱式蒸发器，用于喷淋室冷却系统。

为了保证闭式系统的水量平衡，在总送水管和总回水管之间设置有自动调节装置，一旦供水量减少而管道内压差增加，使一部分冷水直接流至总回水管内，保证制冷装置和水泵的正常运转。

三、冷却水系统

冷却水负责吸收制冷剂蒸汽冷凝时放出的热量，并将热量释放到室外。它一般可分为直流式、混合式及循环式三种形式。

直流式冷却水系统将自来水或井水、河水直接打入冷凝器，升温后的冷却水直接排出，不再重复使用。

混合式冷却水系统是将通过冷凝器的一部分冷却水，与深井水混合，再用水泵压送至冷凝器使用。

循环式冷却水系统，是将来自冷凝器的升温冷却水先送入蒸发式冷却装置，使其冷却降温，再用水泵送至冷凝器循环使用，只需要补充少量的水。

四、空调制热

1. 空调制热原理

空调制热时，气体氟利昂被压缩机加压，成为高温高压气体，进入室内机的换热器（此时为冷凝器），冷凝液化放热，便成为液体，同时会将室内空气动加热，从而达到提高室内温度的最终目的。

而液体氟利昂经节流装置减压，进入室外机的换热器（此时为蒸发器），蒸发气化吸热，成为气体，同时吸取室外空气的热量（室外空气变得更冷），成为气体的氟利昂再次进入压缩机开始下一个循环。正是基于以上一个过程，实现了空调制热。

压缩机吸入低压气体经过压缩机压缩变成高温高压气体，高温气体通过换热器把水温提高，同时高温气体会冷凝变成液体。液体在进入蒸发器进行蒸发，蒸发器蒸发的同时也要有换热媒体，根据换热的媒体不同机器的型号结构也不同。常用的有风冷和地源。

液体经过蒸发器后变成低压低温气体，低温气体再次被压缩机吸入进行压缩。就这样循环下去，空调侧循环水就变成45~55℃左右的热水了。热水经过管道送到需要采暖的房间，房间安装有风机盘管把热水和空气进行热交换实现制热目的。

2. 空调制热模式

空调制热有两种方式，一种电加热，室外机不用启动：另外一种是利用制冷剂（氟氯昂）制热。第一种制热原理就像某些电暖器的发热原理。就是通过电热管的加热，直接将电能转化为热能，电热管加热后通过热传递将附近空气温度提高，再转送到室外，这种加热方式效率较高，但一般用于柜机等功率较大的单体空调上，这种加热方式的空调机一般称为电辅热泵型空调机。

第二种制热方式与空调制冷原理相反，空调制热会利用到氟利昂这种气体，氟利昂有着冷凝液化放热，蒸发气化吸热的特性。空调制热时，压缩机会对气体氟利昂加压，使其成为高温高压气体，再经过室内机的换热器进行冷凝液化，放出大量热量，提高室内空气的温度。然后，节流装置会将液体氟利昂减压，经室外机的换热器蒸气化吸取室外空气的热量，变成气体开始下一个循环。

第七节 建筑通风和空气调节系统管理

一、建筑通风系统管理

（一）建筑通风系统制度管理

通风系统是一个复杂的、自动化程度高的系统，除了依靠高技术素质和高度责任心的操作运行人员进行运转管理外，还要依赖于科学的管理制度。

（1）建立健全各项管理制度。

①岗位责任制。规定配备人员的职责范围和要求。

②巡回检查制度。明确定时检查的内容、路线和应记录项目。

③交接班制度。明确交接班要求、内容及手续。

④设备维护保养制度。规定设备各部件、仪表的检查、保养、检修、定检周期内容和要求。

⑤清洁卫生制度。

⑥安全、保卫、防火制度。

（2）应有执行制度时的各种记录：运行记录、交接班记录、水质化验记录、设备维护保养记录、事故记录等。

（3）制定操作规程，保证风机及辅助设备得以正确、安全的操作。

（二）建筑通风系统的运行管理

（1）开车前的检查。开车前要做好运行准备，必须对设备进行检查。主要检查项目有风机等转动设备有无异常；打开应该开启的阀门；给测试仪表加水等。

（2）室内外空气温湿度的测定。根据当天的室内外气象条件确定运行方案。

（3）开车。开车指启动风机等其他各种设备，使系统运转，向通风房间送风。启动设备时，只能在一台转速稳定后才允许启动另一台，以防供电线路启动电流太大而跳闸。风机启动要先开送风机，后开回风机，以防室内出现负压。风机启动完毕，再开电加热器等设备。

（4）运行。认真按规定时间做好运行记录，尤其是对刚维修过的设备更要多加注意。发现问题应及时处理，重大问题应立即报告。

（5）停车。先关闭加热器，再停回风机，最后停送风机。停车后巡视检查，检查完毕方可离开。

（三）建筑通风系统的维护

通风及防排烟系统的维护主要包括：灰尘清理、巡回检查、仪表检定、系统检修。

1. 灰尘清理

通风系统灰尘来源主要是新风、漏风、风管内积尘，以及回风从室内带出来的灰尘等，运行人员要针对灰尘来源进行清理，防止空气污染。

2. 巡回检查

经常检查并及时更换空气过滤器。新风等粗效泡沫塑料过滤器要经常清洗，一般15~30天清洗一次；风机盘管过滤器30~40天清洗一次；中效玻璃纤维过滤器当阻力为初阻力的两倍、其他型号过滤器当达到其规定终阻力时要更换。更换安装过滤器时，不准污染滤料，安装要严密不漏风。对于循环使用的泡沫塑料滤料，清洗和晾干都要在干净的环境中进行，使用中最好先测定其效率，不合格者应更换新的。保持通风系统洁净，经常打扫风机箱等，并定期上漆防锈，上漆要牢靠，不起粉尘。必要时要打扫风管内部。经常检查堵漏，尽量减少系统漏风点。消声器的材料要保持干净，当其积尘量大时要清洗或更换。同时还要保持房间环境整洁，确保通风房间内的正压。定期测定送风和室内的含尘量，以便及时发现问题并予以解决。

对设备状态进行巡回检查的目的是做到心中有数，出现问题及时解决，对暂时维修不了的设备，应采取应变措施，待非使用期时维修。巡回检查的主要项目包括送回风机、水泵、电动机声音是否正常，轴承发热程度如何，传动带松紧是否合格；风机箱、风管等内部是否锈蚀脱漆现象，水阀门是否严密，开关是否灵活；风管、水管保温是否有损坏；各个部位的空气调节阀门有否损坏，固定位置变化否；需定期清洗、更换的设备（如各级过滤器等）是否已到清洗更换限度；配电盘、各种电器接线头有否松脱发热现象，仪表动作是否正常，等等。

3. 仪表检定

仪表检定是指定期检验和校正测量、控制仪表设备，保证它们测量控制准确无误。

二、空调系统的管理

空调系统的管理主要是系统的运行管理和日常维护管理。

（一）空调系统的运行管理

空调系统的运行管理主要是系统的运行调节。空调系统在全年运行中，室内本身的热、湿负荷也会随着生产情况和室内人员的变化而有所不同。因此，空调系统在全年运行期间就不能一成不变地按满负荷运行，而必须根据负荷的变化进行运行调节，才能保证室内温、湿度要求。

1. 集中式空调系统的运行调节

（1）露点控制法。

如果只有室外空气状态发生变化，可以采用露点控制法，即只需把喷水室（或换热器）出口的空气状态按需要进行控制，就能保证需要的送风状态，同时也保证了需要的室内状态。露点控制法是通过改变加热（冷却）量、调整新回风比例、调节喷水室（或换热器）的水温等方法来实现的。

（2）其他方法。

如果室内外负荷都发生变化时，也可采取加热、冷却、再热、加湿、减湿及改变风量等方法进行处理。

①温度调节：温度调节有两种方法，一是用阀门调节盘管内冷冻水或热水的流量；二是调节新风旁通阀，使部分新风不经过盘管而通过旁通管，改变加热新风和旁通新风的混合比例。

②湿度调节：湿度调节有控制露点温度和控制送风水蒸气分压两种方法。控制送风水蒸气分压就是改变送风状态的含湿量，在冬季可以用喷蒸汽加湿的方法，在夏季可以用固体或液体吸湿剂减湿的方法。

③风量调节：在负荷变化的情况下，用调节风量的方法来保证室内空气的温、湿度要求是一种有效并且节能的办法，这种系统通常称为变风量系统，风量的调节可通过风机变速或风量调节阀等实施。

2. 风机盘管空调系统的运行调节

（1）风机盘管系统的局部运行调节。

为了适应空调房间负荷在短时间内发生的变化，风机盘管系统设有两种局部调节方法。

①调节水量：当室内的冷负荷减少时，可通过安装在风机盘管供水管道上的二通或三通调节阀进行调整，以减少进入盘管中的水量，吸收房间内空气热量的能力下降，以适应室内的冷负荷变化。反之，当室内冷负荷增加时，则增加盘管中冷水的流量。

②调节风量：这种调节方法是将风机的转速分成3挡，转速的快慢变化使通过盘管的风量也发生变化。当室内的冷负荷减少时，降低风机的转速，使通过盘管的风量减少，空气在盘管中的热交换量也随之减少。

（2）风机盘管系统的全年运行调节。

当系统的新风不承担室内显热负荷时，只需将新风处理到和室温相同即可。新风对室温不起调节作用，而由盘管承担全部室内显热负荷，靠风机盘管局部调节来满足室内温、湿度的要求。

当系统的新风需承担围护结构温差传热所造成的冷（热）负荷时，可用新风处理设备中的二次加热（冷却）器集中升高（降低）新风的温度。

双水管系统的风机盘管，在同一时间内只能向所有风机盘管供应同一温度的水。在过渡季节运行时，随着室外温度的降低，应集中调节新风载热量，逐渐升高新风温度，以抵消传热负荷的变化。此时，进入盘管的水温仍保持不变，风机盘管靠水量调节，消除室内短时间负荷变化的影响。

（二）空调系统的维护

1. 实际送风量过大

原因如下：

（1）系统风管阻力小于设计阻力，使送风量增加。

（2）设计时送风机选择不合适，风量或风压偏大，使实际送风量增加。

解决方法：①若送风量稍大于设计风量，在室内气流组织和噪声值允许的情况下，可不做调整；②在必须调整时，可采用改变风机转速的方法进行调节；③若无条件改变风机转速，可用改变风道调节阀开度的方法进行风量调节。

2. 实际送风量过小

原因如下：

（1）系统的实际送风阻力大于设计计算阻力，使空调系统的实际送风量减少。

（2）送风系统的风道漏风。

（3）送风机本身质量不好，或送风机不符合要求，或空调系统运行中对送风机的运行管理不善。

解决方法：①若条件许可，可对风管的局部构件进行改造（如在风道弯头中增设导流叶片等），以减少送风阻力；②对送风系统进行认真检漏，对高速送风系统进行检漏试验，对低速送风系统应重点检查法兰盘和垫圈质量，看是否有泄漏现象，对空气处理室的检测门、检测孔的密封性做严格检漏；③更换或调整送风机，使其符合工作参数要求。

3. 送风状态参数与设计工况不符

原因如下：

（1）设计计算有误，所选用的空气处理设备的能力与实际需要偏差较大。

（2）设备性能不良或安装质量不好，达不到送风的参数要求。

（3）空调系统的冷热媒的参数和流量不符合设计要求。

（4）空气冷却设备出口带水，如挡水板的过水量超过设计估算值，造成水分再蒸发，影响出口空气参数。

（5）送风机与风道温升（温降）超过设计值，影响风道的送风温度。

（6）处于负压状态下的空气处理装置和回风风道漏风。

解决方法：①通过调节冷热媒的进口参数和流量，改善空气处理设备的能力，以满足送风状态参数要求。若调节后仍不能明显改变空气处理的能力，则应更换空气处理设备；②当冷热媒参数和流量不符合设计要求时，应检查冷冻系统或热源的处理能力，看它们是否能满足工作参数的要求。另外，还要检查水泵的扬程是否有问题，以及冷热媒管道的保温措施或管道内部是否有堵塞；③冷却设备出口处空气带水时，若为表面冷却器系统可在其后增设挡水板，以提高挡水效果；若为喷水室系统，则要检查挡水板是否插入池底，挡水板与空气处理室内壁间是否有漏风等；④送风机和风道温升（温降）过大时，应检查过大的原因。若送风机运行超压使其温升过大，应采取措施降低送风机运行风压。如果是管道温升（温降）过大时，应检查管道的保温措施是否得当。

4. 室内空气参数不符合设计要求

原因如下：

（1）实际热湿负荷与设计计算负荷有出入，或送风参数不能满足设计要求。

（2）室内气流速度超过允许值。

（3）室内空气洁净度不符合要求。

解决方法：①根据风机和空气处理设备的能力来确定送风量和送风参数。若条件许可，可采取措施减少建筑围护结构的传热量及室内产热量；②通过增加送风口面积来减小送风速度或减少送风量及改变送风口形式等措施，改善室内气流速度；③经常检查过滤器的效率和安装质量，增加空调房间换气次数和室内正压值，完善运行管理措施，改善室内空气的洁净程度。

（三）空调设备的维护

1. 空调机组的维护

空调机组的维护主要包括空调机组的检查及清扫。空调机组的检查和清扫需在停机时进行，一般 2~3 人一起按照事先规定的程序进行。检查时关闭有关阀门，打开检修门，进行空调机组内部卸过滤网，检查盘管及风机叶片的污染程度，并彻底进行揩拭清扫。在清扫时检查盘管及箱底的锈和螺栓紧固情况，并在运转处加注润滑油。将过滤器在机外冲洗干净，晾干以后再稳固安装上去，发现有损坏应及时修复或更换。

内部检查完毕后，关闭检修门，打开有关阀门，然后把空调机组外体揩拭干净，再进行单机试车。单机试车时必须注意运行电流、电机温升、传动装置的振动及噪声等是否正常。单机试车结束后再进行运行试车，运行试车时检查送风温度和回风温度是否正常，进水电磁阀与风阀的动作是否可靠正确、温度设定是否灵敏等。一切正常后，该台空调机组可以正式投入使用。

2. 换热器的维护

换热器的维护包括换热器表面翅片的清洗和换热器的除垢。清除垢层常用的方法有压缩空气吹污、手工或机械除污和化学清洗。

3. 离心式通风机的检修

风机的维修工作包括小修和大修两个部分。小修内容一般包括：清洗、检查轴承；紧固各部分螺栓、调整皮带的松紧度和联轴器的间隙及间轴度；更换润滑油及密封圈；修理进出风调节阀等。大修内容：小修内容，解体清洗，检查各零部件；修理轴瓦，更换滚动轴承；修理或更换主轴和叶轮，并对叶轮的静、动平衡进行校验等。

风机主轴的配合如果超出公差要求，一般予以更换。而叶轮磨损常用补焊修复。补焊时应加支撑，以防变形，焊后应做静平衡试验，大功率风机叶轮还应做动平衡试验。若磨损变形严重，应予更换。叶轮的前盘板、后盘板及机壳的磨损、裂纹，一般通过焊补修复，不能修复者应予以更换。

修复好或准备更换的零部件，应进行外形尺寸的复核和质量的检查，合格后再清洗干净，依次将轴套、轴承、轴承座、皮带轮、密封装置、叶轮与主轴固定好，再装配吸入口、各管道阀门。装配时不要遗漏挡油盘、密封圈、平键等小零件。调整各部间隙时应特别注意叶轮与蜗壳的间隙，电动机与联轴器的同轴度应满足使用要求。

（四）制冷机的运行与维护

制冷机是空调系统的冷源，制冷机运行正常与否是空调系统运行正常与否的关键。同时制冷机也是空调系统中最复杂的设备。

空调用制冷机组自动化程度较高。除有制冷量调节和润滑油恒温控制以外，还装有高压继电器、低压继电器、油压继电器和冷冻水、冷却水流量信号器等保护装置，以实现冷凝压力过高保护、油压油温保护、蒸发压力过低保护和断水保护等，使系统正常运转，如有不正常情况就报警及自动停车。同时，还有有关参数的测量和记录仪表。

1. 制冷机的正常运行程序

（1）开车前检查准备工作。

检查高压侧管路系统阀门是否开启，节流阀应为关闭状态；检查压缩机曲轴箱的油位是否在要求高度；检查冷冻水及冷却水系统是否充满水，如不足应补水；检查冷却器、冷冻水及冷却水循环泵工作是否正常；检查设备外观有无异常现象等。

（2）开车。

①给压缩机冷却水套供水，关闭冷冻水及冷却水循环泵出口阀门，启动冷冻水和冷却水循环泵；再缓慢打开泵的出口阀门，使水正常循环。

②压缩机先盘车 2~3 圈，看是否顺当；

③打开压缩机的排气总阀（旧式带旁通阀的压缩机的起动，先打开旁通阀，待压缩机运转正常时，再打开排气总阀，并迅速关闭旁通阀），关闭吸气总阀。

④将压缩机容量调节器手柄搬到最小容量位置。

⑤接通电源，启动压缩机，当压缩机运转正常后，将油压调整到比要求的吸气压力高 0.15MPa~0.3MPa 后，再搬动容量调节器手柄，使指示位置由最小值到最大值。

⑥将压缩机吸气总阀慢慢开启。如果听到气缸有撞击声（液击），应立即将阀门关闭。再重复上述动作，直到没有撞击声，吸气总阀完全开启为止。

⑦开启调节阀，并调节到所需蒸发压力。

（3）运行。

压缩机启动完毕，系统便进入正常运行状态，在运行过程中，值班人员要勤巡视、勤检查、勤调节，每 1h~2h 检查记录一次。既要保证系统运转正常，又能满足空调要求。一般需要检查的项目和要求如下：

①保证压缩机在正常的工作条件下工作。检查压缩机吸排气压力、温度以及润滑油的油压、油温、油量是否在要求范围内；检查轴封是否漏油漏气；倾听阀片和其他部件声音是否清晰、均匀，有否异常；检查冷却水套出水温度是否稳定，一般出水温度不高于 30℃ ~35℃；检查压缩机和电动机轴承温度。

润滑油液面，由压缩机曲轴箱侧盖上的油面玻璃观察。如上面装有两块油面玻璃者，正常油面应在两块油面玻璃中心线之间；如只装有一块油面玻璃，正常油面在油面玻璃的上边和下边之间。如油量不足，可用油三通阀不停机加油，具体操作是：将橡皮管或塑料管内先充满润滑油，然后一端套在三通阀的锥形接头上，并扎紧，另一端浸在油桶中，将三通阀手柄转到对准"加油"位置，机器即开始加油。加到规定油面时，将手柄扳回到"工作"位置，取下橡皮管，盖紧帽盖，加油时曲轴箱中的压力应保持低于 0.2MPa（2kgf/em2），这可以通过稍将吸气总阀关闭而达到。如停车后要放油，套好橡皮管，将手柄扳至"放油"位置，油即放出。

②检查冷凝器冷却水进出口温度、冷凝压力和工质进出口温度，并调节冷却水与冷凝温度相适应。冷凝温度一般比冷却水出水温度高 3 度 ~5 度。冷却水进出口温差为 4℃ ~8℃。

③检查蒸发器工作情况；蒸发压力和温度、冷冻水进出口温度，并调节蒸发温度与冷冻水温度相适应。蒸发温度一般比冷水出口温度低 4℃ ~6℃。当蒸发器直接作为

空调的表面冷却器时，其蒸发温度应比空气出口的干球温度低 8 度 ~10 度；满负荷时蒸发温度不可低于 0 度；低负荷时，应防止表面结冰。

④检查各容器上的安全阀是否有泄漏；系统中工质循环量是否适当；油分离器表面温度；检查各水泵运转是否正常等。

⑤及时发现并查出故障原因。

（4）停车。

①关上调节阀，停止给蒸发器供液。

②关闭吸气总阀。

③停机，同时逐步关小排气总阀，待机器全停时全部关上。

④待压缩机稍冷却后，关上水套冷却水。

⑤停止冷冻水循环泵、冷却水循环泵的运转。

2. 制冷机参数的测量。

制冷机运行正常与否，主要是靠各种仪表的正常指示来保证的。正常运行时，应测量的参数有：

（1）冷冻水量及冷冻水进、出口温度。

（2）冷却水量及冷却水进、出口温度。

（3）蒸发压力和温度。

（4）冷凝压力和温度。

（5）室外干、湿球温度。

（6）压缩机吸、排气压力。

（7）油箱油压和油温。

（8）压缩机冷却水进、出口水温。

（五）制冷机与辅助设备的常见故障处理

1. 压缩机

压缩机在运转中，主要故障及其原因有以下几个方面：

（1）压缩机产生不正常声响的原因：基础不牢固或地脚螺栓松动；阀片、弹簧破损；活塞销、活塞环等零件磨损；气缸的余隙容积过小；制冷剂液体进入气缸造成液击；轴承磨损间隙过大等。应由外向里逐项检查、调整和更换零件。

（2）吸气管道和气缸发热原因：吸气阀片破损，应更换阀片。

（3）排气温度过高，产冷量降低原因：排气阀片破损；吸入气体过热度大；安全旁通阀漏气；气缸冷却水量不足等。应更换阀片，降低过热度（加大蒸发器内的工作质量），检查校正安全旁通阀，加大冷却水量。

（4）气缸中部强烈发热，产冷量降低原因：活塞环或气缸磨损，应更换活塞环或气缸套。

（5）气缸拉毛原因：活塞与气缸装配间隙过小；活塞环装配间隙不当，或其锁口尺寸不对；气缸中落入铁屑、沙子等污物；气缸及活塞温度变化过大；曲轴水平与气缸垂直中心误差过大；润滑油不足，规格不符或含有杂质；气缸冷却水中断，或突然加大冷却水量等。应根据上述原因逐项检查处理。

（6）轴封温度过高，严重漏油漏制冷剂原因：润滑油供应不正常；轴封磨损等。应清洗油管路，研磨轴封。

（7）油压过高原因：油压表不准；油压调节阀开启太小，油管路阻塞等。应更换油压表，检查清洗调节阀和油管路。

（8）油压过低原因：油压表不准；油压调节阀开启过大；油泵发生故障；连杆轴瓦磨损大，间隙大；滤油器阻塞等。应更换压力表，转动细滤油器手柄或拆卸清洗滤网，检修或调换油泵转子，更换轴衬套。

（9）油温过高原因：冷却水套水量小；机房温度过高；排气温度过高等。应加大冷却水量，检查消除其他因素。

（10）油耗量过大原因：活塞环、刮油环或气缸磨损过大；曲轴箱内加油太多。应按规定加油，停机检查更换新油环等。

（11）卸载机构失灵原因：油压不够；油管阻塞，油缸门内有污物卡死。应调节油压到 0.15MPa~0.3MPa，清洗油管和油缸。

2. 冷凝器和蒸发器

冷凝器和蒸发器都是换热器，其换热是否良好是影响制冷机效率的重要因素，当冷凝器、蒸发器内有空气或换热管壁结水垢，都会造成制冷量下降。因此，冷凝器和蒸发器在工作时，必须注意以下几点：

（1）冷凝器和蒸发器工作时，冷却水和冷冻水进出管路、进气、出液、均压阀以及安全阀的截止阀必须全开（放空气阀关闭），以使制冷剂、冷却水、冷冻水进出无阻。

（2）经常检查冷却水和冷冻水的温度和水量。

（3）经常清除冷凝器管壁的污垢，尤其是使用水质较硬的冷却水更应注意。判断的方法是：在正常给水量和进水温度的情况下，对于冷凝器是冷凝温度同冷却水的温差过大，冷凝压力升高；对于蒸发器是蒸发温度同冷冻水的温差过大，蒸发压力降低，这表明可能是管子的内壁有水垢，或外有油污，应该清扫。清除水垢时，可用粗细合适的圆铁刷，进行反复刷洗。清油污时，放出制冷剂和润滑油，用压缩空气吹扫，直至从排油孔排出的空气干净为止。

（4）定期放空气。

3. 制冷机冷凝压力过高或过低

（1）冷凝压力过高可能的原因：系统中有空气或其他不凝性气体；冷凝器冷却水量不足，或进水温度太高；冷凝器管子的内壁或外壁有水垢或油污；系统中加工质量过多等。

（2）冷凝压力过低可能的原因：冷却水量太大或进水温度太低；系统加工质量不足；调节阀开启太小，或调节阀与液管阻塞；压缩机排气阀漏气，或卸载装置失灵等。

（3）吸气压力太高可能的原因：调节阀开启过大；压缩机吸气阀漏气，或卸载装置失灵等。

（4）吸气压力太低有些会引起低压管路结霜，可能的原因：供液管、调节阀或吸气滤网阻塞；系统中有水形成冰塞；系统中工质太少；系统中的油太多；调节阀开启太小等。

（六）大修后的制冷剂充注

制冷机大修之后，在充注制冷剂前，要进行清扫、检漏、抽空等过程，最后再充注制冷剂。

1. 系统清扫

系统施工时，虽然对每段管件、各个阀门等进行过清洗，但仍难免系统中存有泥垢、铁锈、金属屑和焊渣等脏物。而这些东西会堵塞阀门，会使轴承、气缸套、活塞等磨损加速，会损伤吸排气活塞门，影响使用寿命。

2. 系统试压检漏

系统在充入制冷剂以前，必须对管路和容器连接处进行气密性试验。一般在低压端以 1.2MPa 表压、高压端以 1.8MPa 表压进行试漏。要求是系统达到规定压力后保持 24h，前 6h 内，压力允许下降不超过 0.03MPa，后 18h 应保持不变。

3. 系统真空试验

经压力试漏后，将系统抽成真空，试验系统在真空下的密封性，同时也为系统充工质做好准备。要求是：系统的真空度应达 97.3kPa（730mmHg），保持 12h，系统真空度应无变化。

4. 系统加工质

在系统抽真空后，即可加入工质。开始加工质时，可以不开压缩机，利用系统真空将工质加入；当工质进入系统的速度缓慢时，再启动压缩机加入。

对于氟利昂系统，氟利昂充入后和正常运行中，可用卤素喷灯或卤素检漏仪进行检漏。

（七）冷却塔的维护

1. 冷却塔风机的保养

冷却塔的风机大都是直径 700mm~6000mm 的轴流风机。叶片材质有钢板、合金铝和玻璃钢三种。风机的运转正常与否，直接关系到冷却塔出水温度的高低。

（1）防腐蚀保养金属叶片腐蚀严重。为了减缓腐蚀，停机后应立即将叶轮拆下，彻底清除腐蚀物，并做静平衡校验后，均匀涂刷防锈漆和酚醛漆各一道。实践证明，在叶片上涂刷一层 0.2mm 厚的环氧树脂，其防腐性能很强，一般可维持 2~3 年。检修后将叶轮装回原位，以防变形。

（2）防变形保养停机期间，大直径的玻璃钢叶片容易变形，冬雪堆积叶片变形尤为严重。解决方法是：停机后马上把叶片旋转 90°，使叶片垂直于地面，如叶片拆下分解保存，应分成单片平放，两点或多点支撑，不可堆置。

2. 减速器润滑油的检查与更换

减速器用润滑油多为 HJ30 或 HJ40 机械油，长期使用会使油中混入水分、脏物，而使油泵输油管堵塞、油量减少，致使运转部件很快磨损。润滑油质量应每年检查一次，其方法是：用玻璃量杯取 100mL 油和标准样品油对比。目测：污染的润滑油颜色较深；手掐：污染油比标准样品油黏度小；然后观察量杯底部如有沉淀物,说明应当更换新油。

换油时须用汽油将减速箱内部清洗干净，换油后将上盖和轴承盖做好密封。

3. 风机叶轮静平衡校验

由于风机叶轮较大，当不平衡时对减速器产生的破坏力和噪声都较大，因此，每年应做一次静平衡校验。

4. 喷淋管的清洁和防腐蚀

多数空调用制冷机，每年夏季运转 3~6 个月，停用时间比运转时间长。输水管道停用期间的腐蚀比运行中的腐蚀大，而停车期间在管道中产生的大量锈皮，次年开车运行时被冲到冷却塔内干管和支管末端，造成通水截面减少和喷嘴堵塞，致使制冷机冷却水量不足而无法稳定运转。为此，制冷机系统试运行前，先将冷却塔喷嘴拆下，对管道系统冲刷 2h~4h，由于冲洗水压和流速较高，管道系统的锈皮和杂物便从管道末端排出。如在喷淋干管和支管末端加上盲板，清洗时按需要拆装更为方便。

喷淋主干管和支管处于湿热条件下运行，因而腐蚀严重。每年停用后应立即除锈刷漆，尤其对装配喷嘴的螺纹头，可采用永明漆涂刷，不可用油脂，以防油脂污染冷却水。如忽视螺纹头防腐，少则一年，多则数年，螺纹便会锈损喷嘴难以装配牢固。在运行期间，喷嘴脱落，水柱倾泻而下，会把填料砸成碎片并进入冷却水中。

5.喷嘴的检修

冷却循环水大都经过沉淀和过滤，但仍有杂物、锈皮和纤维粉尘落入循环水池中而造成喷嘴堵塞。另外，喷嘴结垢也会降低喷水量，为了保证冷却塔热工性能，每年都应对喷嘴拆洗整修一次。清洗的具体方法如下：

（1）手工清洗将喷嘴拆开，把卡在喷嘴芯里的杂物取出，然后再组装成套。注意不要损伤螺纹，不要用力敲砸，以免损坏。

（2）化学清洗将喷嘴浸入质量分数为20%~30%的硫酸水溶液中，浸泡60min，水垢或泥垢即可全部清除。然后再用清水冲洗两次，直到清洗水呈中性（pH=7）时为止，以防冷却水经喷嘴带酸而加剧制冷机传热管的腐蚀。酸洗废液不可直接向地沟排放，应向酸液中添加碳酸钠进行中和，使其接近中性（pH=6.5~7.5）时再行排放。

（八）制冷机房的维护与管理

制冷机房的管理主要是对安装在其中的制冷设备的管理和维护，制冷机房的管理目的是保证制冷设备的安全运行，制冷机房管理的关键是监控系统的运行状态，一旦系统发生故障，能及时采取相应的措施并发出信号，保证系统安全运行。对制冷机房中的设备要有可靠的维护保养措施，设备的维护保养主要包括以下几个方面。

（1）做好设备润滑。

设备润滑要做到定人、定点、定质、定量、定时和三级过滤（油桶、油壶、加油点）。所有滤网要符合下列规定：冷冻机油、机械油等所用滤网，一级过滤为60目，二级过滤为80目，三级过滤为100目；汽油缸、齿轮油所用滤网；一级为40目，二级为60目，三级为80目。

要经常检查滤网、油位、油温、油压、油泵注油量，发现异常应及时处理；经常检查润滑部位，如轴承温度、声音是否正常；常用阀门丝杆和螺母之间，要定期注油润滑，不常用的阀门丝杆、螺母处，要用油封死；润滑油器具要经常检查，定期清洗或更换。

（2）做好对机房设备的巡回检查工作。

日常巡回检查内容包括：检查有关部位的压力、温度、液位；检查传动皮带、链条的紧固情况和平稳度；检查紧固螺栓是否松动，设备运行中有无异常振动和杂音；检查控制计量仪表与调节器的工作情况；检查冷却系统工程情况；检查安全阀、制动器及事故报警装置是否良好；检查安全保护罩及栏杆是否良好；检查各密封点有无泄漏等。

（3）做到文明生产

操作人员必须对所负责设备、管道、仪表及岗位环境进行认真清扫，搞好卫生，做到无油污、无积灰、轴见光、沟见底、设备见本色；防腐保温层要保持完整；及时消除跑、冒、滴、漏。每个班次必须认真填写运行记录，做好设备的交接班工作。

第六章　电梯升降系统

电梯升降设备是指一种将人或者货物升降到某一高度的设备。在物业管理活动中电梯、升降平台机械停车、高空作业等是最常见的电梯升降设备，其中电梯是物业管理重要的机电特种设备，本章将主要以电梯相关内容为主，阐述电梯升降系统在物业管理中的相关内容。

第一节　电梯升降系统概述

一、定义及分类

（一）电梯升降设备的定义

（1）电梯（客梯、货梯、步行梯）：运行于垂直的或与垂直方向的倾角不大于 $15°$ 角的两侧导轨之间，运送乘客或货物的固定设备。

（2）高空作业设备、擦窗机：建筑外墙施工用工具，保洁清洗外墙设备。

（3）液压升降设备、升降平台：施工维修清洁设备。

（4）机械停车设备：属于停车设施，利用空间增加有效的停车数量。

（二）电梯的主要分类

1. 乘客电梯（TK）

为运送乘客而设计的电梯必须有十分可靠的安全装置。要求安全舒适，装饰新颖美观，载客人数 8-21 人。

2. 载货电梯（TH）

用于运送货物，通常有人伴随的电梯。要求结构牢固安全性好轿厢的容积较大，速度一般在 1m/s 以内。

3. 客货两用电梯（TL）

主要用于运送乘客，但也可以运送货物。与客梯区别在于轿厢装饰结构简单，一般为低速，所以也称为服务梯。

4. 病床电梯（TB）

为运送医院病人及其病床而设计的电梯其轿厢具有窄而长的特点，常要求前后贯通开门，对运行稳定性要求较高有专职司机。

5. 住宅电梯（TZ）

供居民住宅楼使用的电梯，也可运送家用物件和生活用品。

6. 杂物梯（TW）

运送一些轻便的物品、食品等，不允许人员进入电梯。

7. 船用电梯（TC）

在船舶上供船员及乘客上下使用的提升设备能在船舶的摇晃中正常工作。

8. 观光电梯（TC）

是一种轿用壁透明供乘客观光的电梯。

9. 汽车电梯（TQ）

运送汽车的电梯，其特点是大轿厢大载重最，常用于立体停车场及车库。

10. 其他电梯

用作专业用途的电梯如矿井电梯、建筑工程电梯、防爆电梯。

（三）电梯式机械停车设备

机械式停车设备行业在我国是近十几年来发展起来的新兴行业。随着我国人民生活的不断提高和汽车工业的高速发展，机械式停车设备以其独有的优越性，最近几年得到了广泛的应用。智能电梯机械停车设备是自动化程度较高的机械式停车设备，能在提高空间利用率的同时又保证较高的存取车效率。司机只要将车开到旋转升降台上，控制系统便自动安全地将其输送到指定的空车位完成整个停车过程。采用电梯式停车设备，无论从高度、技术水平还是整个建设规模，是创造更多空间的最佳选择。

设备特点分析：

（1）占地少，客车量大，高层设计最高能够达到平均一辆车仅占 $1m^2$ 的空间。

（2）安全性好，采用多重安全保护装置确保设备运行安全。

（3）车辆存取速度快、效率高，车辆存取最长时间 ≤ 120 秒。

（4）采用变频调速技术，智能化程度高、可预约存取车、上下班高峰存取车和空车位导向。

（5）存取车辆均向前开，无需倒车。

（6）计费、监控、检测全智能化，管理人员少。

二、电梯的基本原理

（一）电梯所占有的四大空间

一部电梯总体组成部分有机房、井道、轿厢、层站四部分。

1. 电梯机房

曳引机，驱动电机，制动器，减速箱，曳引轮、导向轮，限速器，控制柜，电源开关、照明开关，选层器、限位开关等。

2. 井道

轿厢、导轨对重装置。缓冲器、限位开关。控制电缆。接线众补偿链平层感应器。

3. 轿厢

操作箱，自动门，安全触板（光幕）、轿门，称重装置、安全钳，导靴，其他部件（视电梯的规格种类而定）。

4. 层站

层门，层门锁，楼层指示灯，呼梯盒。

（二）按电梯部件的功能划分可将电梯的功能划分八个系统

（1）曳引系统输出与传递动力，驱动电梯运行曳引机、曳引钢丝绳、导向轮等。

（2）导向系统限制轿厢和对重的活动自由度，使轿厢和对重沿着导轨上下运动轿厢对重的导轨及其导轨架。

（3）轿厢用以运送乘客和货物的组件，是电梯的工作部分轿厢架和轿厢体。

（4）门系统乘客或货物的进出口。运行时必须时轿门封闭，到站时才能打开轿厢门、层门、开门机联动机构，门锁等。

（5）重量平衡系统相对平衡轿和重量以及补偿高层电梯中曳引绳长的影响，对重和重量补偿装置等。

（6）电力拖动系统提供动力电梯实行速度控制，曳引电动机供电系统速度反馈装置电动机调速装置等。

（7）电气控制系统对电梯的运行实行操纵和控制，操纵装置位置显示装置、控制屏、平层装置选层器等。

（8）安全保护系统保证电梯的安全使用，防止一切危及人身安全的事故发生及对外通讯联系机械方面；限速器、安全错、缓冲器端站保护装置等电气方面：超速保护装置供电断相错相保护装置、超限工作装置、层门轿门电气联锁装置、五方对讲通讯系统。

（三）电梯的主要参数、基本规格及型号

以下是电梯的一些主要参数：

（1）额定载重量（kg）。制造和设计规定电梯的额定载重。常见的有400kg、630kg、800kg、1000kg、1250kg、1600kg、2000kg、2500kg等。

（2）额定速度。制造和设计所规定的电梯运行速度。常见的有0.63m/s、1.00m/s.1.60m/s、2.50m/s等。

（3）轿厢尺寸（mm）。宽×深×高。

（4）轿厢形式。有单、双开门，装饰及风扇、电话要求等。

（5）开门方式。有左开门，右开门，中开门。

（6）曳引方式。半绕1∶1（轿厢的运行速度等于钢丝绳的速度），半绕2∶1（轿厢的速度等于钢丝绳速度的一半），全绕1∶1（轿厢运行速度等于钢丝绳的速度）。

（7）电气控制系统。包括控制方式、拖动系统的形式等如交流电机或直流电机拖动，轿内按钮控制或集选控制等。

（8）停层站数。凡在建筑物内各楼层由于出入轿厢的地点均称为站停靠的总数。

（9）提升高度。由底层端站楼面至顶层端站楼面的垂直距离。

（10）顶层高度。由顶层端站楼面至机房楼板或隔音层板下最突出构件之间的垂直距离。电梯的运行速度越快，顶层高度一般就越高。

（11）底坑深度。由底层端站楼面至井道底面之间的垂直距离。电梯的运行速度越快，底坑一般越深。

电梯的主要参数是电梯制造厂设计和制造电梯的依据。用户选用电梯时，必须根据电梯的安装使用地点、运载对象等按标准规定，正确选择电梯的类别和有关尺寸，并根据这些参数与规格尺寸，设计和建造安装电梯的建筑物。

表示：货物电梯，额定载重量1000kg，两扇旁开式电梯门，额定速度45m/min。

三、轿厢和门系统

轿厢是用以运送乘客和货物的容器，主要由轿厢架和轿厢体构成。轿门是为了确保安全，在轿厢靠近层的侧面设置供人员或货物进出的门。

（一）轿厢的构造

轿厢形态像一个大箱子，由轿底、轿壁、轿顶及轿门等组成。轿底框架采用型材焊接而成，并在上面铺设一层钢板或木框。轿壁由数块冲压薄板并焊有加强筋的轿壁板组装而成，目的是增强轿壁的强度，并在每块轿壁板接缝处，有装饰嵌条遮住。轿

顶的结构与轿壁相似，要求能承受一定的载重，并有防护栏以及根据设计要求设置的安全窗。另外为了防止电梯超载运行，多数电梯在轿厢上设置了超载装置，超载装置安装的位置，有轿底称重式及轿顶称重式。

（二）轿厢的强度要求

轿底是一种水平的金属框架，通常在该框架沿着轿厢宽度方向设置横梁，轿厢的木质地板或金属地板就放置在水平框架上。水平框架及地板的设计按两倍额定载荷计算。轿顶应能支撑两个人，即在轿顶的任何位置上，均能承受 2000N 的垂直力而无永久变形。

（三）轿厢的超载与称重装置

超载装置是当轿厢超过额定载荷时，能发出警告信号并使轿厢不能运行的安全装置称重装置能够检测轿厢内负载变化状态，并发出信号的安全装置。超载与称重虽然有多种形式，但都是利用称量原理，将电梯的载重量通过称量装置，反映到超载控制电路来控制电梯的运行的。

（四）系统概述

1. 门系统的组成

门系统包括轿门（轿厢门）层门（厅门）与门机等系统及其附属的零部件。

2. 作用

层门和轿广门都是为了防止人员和货物坠入井道或轿内乘客和物品与井道相撞而发生危险，都是电梯的重要安全保护设施。

3. 轿门、层门及其相互关系

轿门是设置在轿厢入口的门，是设在轿厢靠近层门的一侧，供人员与货物进出。

层门是设置在层站入口的封闭门，也叫厅门。层门的开启，是由轿门带动的，层门上装有电气、机械联锁装置的门锁，只有轿门开启才能带动层门的开启，所以轿门称为主动门，层门为被动门。只有轿门、层门完全关闭后，电梯才能运行。

4. 开关门机构

自动开关门机构：

（1）开、关门机构的一般工作原理。

开、关门机构设置在轿厢上部特制的钢架上。电梯需要开门时，开关门电机通电旋转，通过皮带轮皮带带动电梯门开启。当需要关门时，电机反转，通过皮带轮皮带托动达到关门的最后位置。

（2）开、关门的调速要求。

在开门和关门的起始阶段和最后阶段都要求门的速度不要太高，以减少门的抖动和撞击，为此在门的关闭和开启过程中需要有调速过程，通常是机械上要配合电气控制线路设置微动调速开关。

5.层门门锁及安全装置

门锁是锁住层门不被随便打开的重要安全保护机构。当电梯在运行时，各层门都被门锁锁住，不被乘客从外面将层门撬开。只有当电梯停站时层门才能被安装在轿门上的开门刀片带动而开启。当电梯检修人员需要从外部打开层门时，需要用一种符合安全要求的特制的三角钥匙开关才能把门打开，是电梯的重要安全装置之一。

四、导向系统和重量平衡系统

导向系统是使轿厢和对重顺利地沿着各自的导轨平稳地上下运动，轿厢和对重又是通过曳引钢丝绳分别挂在曳引机的两侧，起到了相对的平衡作用。

（一）导向系统的功能及组成

限制轿厢和对重的活动自由度，使轿厢和对重只能沿着各自的导轨做升降运动，使两者在运动中平稳，不会偏摆。有了导向系统，轿厢只能沿着在轿厢左右两侧的竖直方向的导轨上下运行。不论是轿厢导向和对重导向，均由导轨、导靴和导轨架组成

（二）导靴与导轨

导靴的凹形槽（靴头）与导轨的凸形工作面配合，使轿厢和对重沿着导轨上下运动，防止轿厢和对重装置运行过程中偏斜或摆动。导靴分别安装在轿厢和对重装置上。导轨作为轿厢和对重在竖直方向运动时的导向，限制轿厢和对重的活动自由度，当安全钳动作时，导轨作了被夹持的支撑件，承受着轿厢或对重向下的制动力，使轿厢或对重不至于下滑。

（三）对击上补偿装罩

对重装置和重量补偿装置两部分的平衡系统。

其中对重装置起到相对平衡轿厢重量的作用，它与轿厢相对悬挂在曳引绳的另一端。补偿装置的作用是：当电梯的提升高度超过30m以上时，由于曳引钢丝绳和控制电缆的自重，使得曳引轮的曳引力和电动机的负荷发生变化，补偿装置可补偿轿厢两侧重量不平衡。这就保证轿厢侧与对重侧重量比在电梯运行过程中不变。

五、安全保护系统

电梯是高层建筑物不可缺少的垂直运输工具，长时期的频繁地载人（载物）在空间上上下下的运行，必须有足够的安全性。为了确保在运行中的安全，电梯在设计时设置了多种的机械安全装置和电气安全装置，这些装置共同组成了电梯安全保护系统。

（1）超速（失控）保护装置—限速器、安全钳。

（2）超越上下极限工作位置的保护装置—包括强迫减速开关终端限位开关、终端极限开关来达到强迫换速、切断控制电路、切断动力电源三级保护。

（3）撞底与冲顶保护装置—缓冲器。

（4）层门门锁与轿门电气联锁装置—确保门不关闭电梯不能运行。

（5）门的安全保护装置—层门、轿门设置门光电装置门电子检测装置、门安全触板等。

（6）电梯不安全运行防止系统—如轿厢超载装置、限速器断电开关、选层器断电开关等。

（7）不正常状态处理系统—机房曳引机的手动盘车、自备发电机以及轿厢的安全窗、轿门手动开门设备等。

（8）供电系统断相、错相保护装置—向序保护继电器等。

（9）停电或电梯系统发生故障时轿厢慢速移动装置。

（10）报警装置—轿厢内与外部联系的电话、警铃。

综上所述，电梯安全保护系统中设置的安全保护装置，一般由机械安全装置和电气安全装置两大部分组成，但是有一些机械安全装置往往也需要电气方面的配合和联锁，才能完成其动作和可靠的效果。

六、电力拖动和电气控制

电梯电力拖动和电气控制系统为电梯提供动力，对电梯实行速度控制，对电梯的启动加速稳速运行制动减速起着控制作用。主要由曳引机、供电系统速度反馈装置电动机调速装置等组成。

（一）交流变频调速电梯

调频调压调速（简称 VVVF）就是通过改变交流感应电动机供电电源的频率而调节电动机的同步转速，使转速无级调节。调速范围较大，是交流电动机较合理的调速方法。

VVVF 电梯的驱动部分是其核心，驱动控制部分有三个单元组成：第一单元是根据来自速度控制部分的转矩指令信号，对应该供给电动机的电流进行运算产生出电流指令运算信号；第二单元是将经数／模转换的电流指令和实际流向电动机的电流进行比较，从而控制主回路转换器的 PWM 控制器；第三单元是将来自 PWM 控制部分的指令电流供给电动机的主回路控制部分。

（二）直流电梯拖动

直流电动机具有调速性能好调速范围大的特点，目前常用于超高速电梯上，一般采用大功率可控硅直流供电形式，因此很早就被应用于电梯上。早期使用的电梯多是直流拖动系统，因此这种系统的电梯中仍有较多的应用，但缺点是机组结构体积大耗电大、维护工作量大、造价高。随着交流调速技术的日趋成熟必将被交流调速电梯取代。

七、微机在电梯中的应用

在电梯的电气系统中，逻辑判断起着主要的作用，自 20 世纪 90 年代以来，电梯从控制系统到驱动系统技术上有了质的飞跃—微机控制和变调驱动。电梯的微机控制系统实质上是使控制算法不再由硬件逻辑完成，而是通过程序存储器中的程序来完成的控制系统。因此对于有不同功能要求的电梯控制系统，只要改变程序存储器中的程序指令即可，而无需变更或增减硬件系统的元件或布线。因此，十分方便于使用和管理，并提高系统的可靠性，减少控制系统体积，降低了能量消耗及其维修保养费用。在电梯的管理中目前也采用了微机技术来进行电梯上下出行的管理，任何人只能在得到合法授权时才能使用电梯，确保了电梯入户的安全，又变公用电梯为私密专用电梯。该系统还考虑到访客使用电梯的情况，设计了访客对讲联动功能。访客无需持授权卡，业主在确认访客身份后可以直接通过对讲系统给访客开放业主所在单元的电梯权限，访客只能乘梯到达该业主家中而无法到达其他业主的家中。由于采用了先进的智能 IC 卡电梯控制系统避免了非预约外来人员、小孩玩耍等原因造成电梯的误操作和空转，有效减少电梯损耗，同时间接延长了电梯的维修周期及使用寿命，减轻电梯维修负担，节省维修费用。

八、电梯土建技术要求

（一）电梯土建应满足电梯的工作环境要求

（1）机房的空气温度 5℃~40℃之间。

（2）运行地点的最湿月平均相对湿度不超过 90%，同时该月平均最低温度不高于 25℃。

（3）介质中无爆炸危险，无足以腐蚀金属和破坏绝缘的气体及导电尘埃。

（4）供电电压波动在 7% 范围内。

（二）电梯机房的要求

（1）机房的而应能承受 6865Pa 的压力。

（2）机房地面应采用防滑材料。

（3）曳引机承重梁如果埋入承重墙内，则支撑长度应超过墙厚中心 20mm，且不应小于 75mm。

（4）机房地面应平整，门窗应防风雨机房入口楼梯或爬梯应设扶手，通向机房的道路应畅通，机房门应加锁，门的外侧应设有包括下列简短字句的须知 "电梯曳引机——危险，未经许可禁止入内"。

（5）机房内钢丝绳与楼板孔洞每边间隙应为 20~40m，通向井道孔洞四周应筑有高 50m 以上、宽度适当的台阶。

（6）当建筑物（如住宅、旅店、医院等）的功能有要求时，机房的墙壁、地板和房顶能大量吸收电梯运行时产生的噪音。

（7）机房必须通风，从建筑物其他部分抽出的陈腐空气，不得排入机房内。

（8）承重梁和吊钩上应标明最大允许的载荷。

（9）在机房内每台电梯应设一切断该电梯的主电源开关，其容量可切断电梯正常使用情况下的最大电流，但该开关不应切断下列供电电路：

①轿厢照明和风扇；

②轿顶电源插座；

③机房和隔音层照明；

④电梯井道照明；

⑤报警装置；

⑥机房内电源插座。

（10）动力电源和照明电源应分开并都送至机房门旁的墙上。

（三）电梯井道的要求

（1）每一台电梯的井道均应由无孔的墙底板和顶板完全封闭起来。只允许有如下开口：

①层门开口。

②火灾情况下排除气体与烟雾的排气孔。

③井道与机房之间的永久性开口。

④通风口。

（2）井道的墙底面和顶板应具有足够的机械强度，应用坚固、非易燃材料制造。而这些材料本身不应助长灰尘产生。

（3）井道顶部应设置通风孔，其面积不得小于井道水平断面面积的1%，通风孔可直接通向室外或经机房通向室外。除为电梯服务的房间外井道不得用于其他房间的通风。

（4）规定的电梯井道水平尺寸是用铅垂测定的最小净空尺寸。其允许的偏差值：

对高度 ≤ 30m 的井道为 0~+25m；

对 30m< 高度 ≤ 60m 的井道为 +35mm；

对 60m< 高度 ≤ 90m 的井道为 0~+50m。

（5）井道应为电梯专用。井道内不得装设与电梯无关的设备、电缆等。

（6）井道应设置永久的照明，在井道的最高和最低点 0.5m 内，各安装一盏灯，中间最大每隔 7m 设置一盏灯。

（7）采用膨胀螺栓安装的电梯导轨支架应满足下列要求：

①混凝土墙应坚固结实，其耐压强度应不低于 24MPa。

②混凝土的厚度应在 120mm 以上。

③所选的膨胀螺栓必须符合国标的要求。

（四）电梯底坑的要求

（1）井道下部应设置底坑及排水装置，底坑不得渗水底坑底部应光滑平整。

（2）电梯井道最好不设置在人们能到达的空间上面。如果轿厢或对重之下确有人们能到达的空间存在，底坑的底面至少按 5000Pa 载荷设计，并且将对重缓冲器安装在一直延伸到坚固地面上的实心桩墩上。

（3）底坑内应设有一个电源插座。

第二节　电梯升降系统的运行与智能管理

电梯是高层建筑不可缺少的垂直交通运输设备。电梯产品质量的衡量标准：要有好的产品设计技术；提供符合质量要求的产品；要有好的现场安装调试技能；要有一套完整的电梯运行管理制度和日常维护保养制度。这三者达到一致的认可和有机地结合，才能确保电梯的正常运行。

一、运行管理的依据

电梯是运送人和货物的设备，其运行特点是启动、停止和升降变化频繁，承载变化大。电梯关入夹入、冲顶、撞底等人身事故时有发生，造成经济损失和社会影响。因此，电梯被视为特种运输设备。国家先后颁发了《起重机械安全监察的规定》《关于加强电梯管理的通知》和《关于进一步加强电梯安全管理的通知》等文件来对电梯的管理进行规范。

二、运行管理的内容

（一）运行管理的内容

1. 电梯必须有人管理

电梯和其他的机械设备一样，如果使用得当，有专人负责管理和定期保养，出现故障能及时修理，并彻底把故障排除，不但能够减少停机待修时间，还能够延长电梯的使用寿命，提高使用效果。相反，如果使用不当，又无专人负责管理和维修，不但不能发挥电梯的正常作用，还会降低电梯的使用寿命，甚至出现人身和设备事故，造成严重后果。

2. 配备电梯管理人员，开展管理工作

使用部门接受一部安装调试合格的电梯后，要做的第一件事就是指定专职或兼职的管理人员，以便电梯投入运行后，妥善处理在使用、维护保养、检查修理等方面的问题。

3. 管理中特别注意电梯的安全使用，必须建立规章制度

电梯是楼房里上下运送乘客或货物的垂直运输设备，管理中特别要注意使用中的安全，因此必须建立规章制度。

4. 切实做好电梯的全过程管理

电梯的管理，是对电梯运行的全寿命过程进行技术管理和经济管理。按电梯全过程管理的不同阶段，可分为前期管理（电梯投产前的管理）、使用期和后期管理三个阶段。做好全过程管理，是安全有效使用电梯的基础。

（二）岗位职责

电梯司机岗位职责：

（1）熟悉本台电梯操作程序，熟知操作规程，有效合理地使用电梯。

（2）正式投入运行前要试运行。

（3）在电梯维修供指导下进行一级保养，参加电梯的检修及验收工作。

（4）不超载运行。

（5）严格遵守安全操作规程，防止事故。

（6）坚持每天一小擦、每周一大擦，保持轿厢与周围设备、操纵盘整洁。

（7）做好每日交接班及记录。

（8）持证上岗，不允许无证人员操作。

（三）在电梯的日常管理中需要密切注意的几种外部情况

1. 天气变化对电梯的影响

（1）高温天气。

每年夏季都有一段室温高35℃的酷热天气，此时是电梯一年中两个故障高发期之一。若在已使用电梯机房现有的通风、降温设备的情况下，电梯机房温度仍然超过30℃时需采取临时降温措施。如安装空调机降温同一机房内的电梯进行轮换使用等。

（2）潮湿天气。

每年春夏交替的时候会出现一段高湿的回暖天气，其湿度会超过98%，屋内的天花、墙壁、水泥、地板都会有结露。是电梯一年中两个故障高发期之一。此时，若电梯机房内是有空调设备的，可开空调进行抽湿（但要注意机房温度不可超过30℃，湿度不超过60%）。

（3）雷暴天气。

近年来，随着城市的高速发展，百米以上的高楼大厦越来越多，其引发雷击的次数也越来越多，尤以珠江两岸的空旷地区更加突出明显。由于大多数电梯机房都是置于大厦的顶部，所以电梯成了在楼宇中最容易受雷电影响的设备。

现大部分楼宇预防雷电的措施是在楼顶安装避雷针避雷网。它是一种被动式的防护措施，其原理是当楼宇遭雷击时，通过楼顶的避雷针，避雷网将雷电导入大地。但雷击时瞬间形成的超强电场却无法消除，此超强电场对电梯的电气设备特别是电子设备的正常工作会产生很大的干扰和破坏。目前，尚未有特别有效的办法应对这种超强电场对电梯电子设备产生的干扰。由于在发生大雷暴天气时，出入楼宇的人流量较平时大幅减少，同样，电梯的使用需求也会减少，比较折中的办法是各楼盘根据本楼盘的实际情况，在大雷暴来临前关停部分电梯，在大雷暴过后再恢复运行，以防电梯电子设备受雷电损坏。

2. 环境（污染）因素对电梯的影响

（1）高温潮湿的环境，如单位食堂餐梯、潮湿地区的低层电梯。

（2）有酸、喊、油、盐等腐蚀物的环境，如海产品市场的扶梯。

（3）有强电场干扰的环境，如位于变电站、无线电台旁的电梯。

3. 用户楼房装修可能对电梯造成的影响

（1）装修材料及装修淤泥的运送时重载及沙土散落电梯井道。

（2）超长、超大物品的运送，如有些装修人员将电梯安全窗打开，将超长木方从轿内伸出轿顶。

（3）装修施工时产生的粉尘，若楼宇中有几层在进行整层的装修，大量的水泥，石灰粉尘会通过电梯井道吸上机房。

（4）装修施工时产生的废弃物，很容易将下水道堵塞，造成积水流入电梯井道。

4. 业主对电梯（轿厢）进行装修可能对电梯造成的影响

（1）对电梯轿照明光线、通风效果有影响。

（2）阻碍电梯安全窗的正常使用。

（3）轿厢自重大幅增加。

5. 楼宇内其他设备（检修）故障可能对电梯造成的影响

（1）由供配电设备的检修、转换故障跳闸造成电梯非平层停梯困入。

（2）空调设备检修、故障停转造成密封的电梯机房温度上升超标。

（3）给排水设备故障造成电梯井底积水或倒灌。

6. 更换电梯零部件时需要注意的事项

（1）几种大型电梯部件老化磨损需要更换的判别标准。电梯主机及电机轴承在按规定要求加油润滑后，仍然有异常噪声存在的则需进行更换。电梯曳引钢丝绳在发现有断丝情况存在，该钢丝绳则需进行更换且最好是对该电梯的整组曳引钢丝绳进行更换。

电梯曳引轮在发现轮槽底面有钢丝绳碾压痕迹后，该曳引轮则需进行更换。

（2）更换件的验收方法。

电梯专用零部件一般由专业维保单位提供或代购。新件购回后需对新旧件的型号、等级、外观、尺寸等进行认真的对照检查，核对无误后才进行新件安装，一般情况下禁用代用品。

（3）更换件更换过程的监控。

电梯专用零部件由专业维保单位人员进行更换，由于进行更换的操作人员的技术水平责任心各有不同，所以在主要、关键、大型零部件更换时现场工程部最好派员配合，并注意零部件的安装顺序是否和拆卸顺序相对应，有无如垫片、介子、销钉等细小物品遗漏。

（4）旧更换件的处理。

对一般体积不大占用空间不多的关键零部件。更换下来的旧件最好能保存一段时间，以便需要时对零部件的型号尺寸、材质进行核对。待新换零部件运行稳定后再对旧件按有关规定进行处理。

7. 电梯年审检验部门与被检电梯质量的责任关系

按《特种设备安全监察条例》要求，电梯每年需经有关技监部门检验，合格后才能继续使用，它是一种强制性安全监督检查。检验机构必须对检验工作质量负责。因电梯使用单位违反规程要求操作而引发的事故，由电梯使用单位负责。

8. 有关电梯专业维修保养公司方面需留意的事项

（1）在运行的电梯是否全部都有专业维修保养单位定期进行检查和维保。

（2）电梯专业维保人员是否相对固定，其技术水平和责任心如何。

9. 专业维修保养单位与现场工程部的关系

由于现电梯专业维保公司对电梯进行的例行保养每月只有2至3次，每次每台保养时间只有1小时左右。虽然其专业（对核心部件而言）技术较高，但与现场电梯接触的时间与广度却远远比不上现场工程部，要及时发现电梯运行中发生的不良因素，对电梯日常安全运行实施真正有效的监护，只有现场工程部及人员有此条件。电梯的安全使用，现场工程部对电梯运行状态的有效监管是关键，现场工程部是电梯使用保障系统中的主力军。

（四）电梯的安全使用及操纵

各类电梯轿内操纵均是根据某种电梯的自动化程度，也就是根据该梯所应具有的功能而决定它的操纵结构和方式的。

1. 信号按钮控制型电梯的操纵

这种电梯是由经专业安全培训过的电梯司机来操纵运行的。司机根据轿内乘客要求欲达层楼数或反映在操纵箱上的各层厅外召唤信号指示数，而摁按操纵箱上相应的指令按钮而操作电梯运行的。

2. 集选控制电梯的操纵

集选控制（KJX）电梯是一个有/无司机两用控制操作的自动化程度较高的梯种。该种电梯可以由经过专业安全培训的电梯司机进行操纵，也可以由乘坐电梯的乘客自己操纵。多了有/无司机工作状态的转换钥匙开关和有司机时的向上（或向下）开车按钮和超载时的闪烁灯光音响信号。

3. 各种类型电梯

为了供各个层楼上乘客使用电梯，在各个层楼上均设置各种类型的厅外召唤按钮箱。除了底层和最高层的召唤按钮箱只有一个召唤按钮外，其他各层的召唤按钮箱均是两个召唤按钮，以便乘客向上召唤或向下召唤电梯。在某些电梯中，在底层召唤按钮箱还可设置供电梯投入使用的专用钥匙开关。

4.消防员专用开关箱

任何一栋大楼内，只要有一台或多台电梯，则根据消防规范规定必定要有一台电梯可供消防员专用的消防电梯，则在该消防梯的底层入口侧设置消防专用开关箱。消防开关箱一般设置于底层大厅电梯门口侧上方离地约 1.7m 高的位置处。该开关箱的面板上有玻璃小窗，内有手指开关或搬把开关，当有消防火警时，蔽碎玻璃窗，扳动开关，即可使电梯立即返回底层大厅供消防人员使用。

（五）对电梯司机及管理人员的基本要求

为了确保电梯安全运行，落实国家电梯安全管理法规，对企业、管理人员、电梯驾驶员（或称司机）提出基本要求：

1.企业或物业管理部门要提出一套符合实际的目标管理制度

（1）一套完整的安全保障制度；

（2）根据客流量进行交通分析，实施按时、高峰运行方案；

（3）全方位电梯运行状况监督方案；

（4）电梯日常维修保养记录日志及其周、月、季、年保养计划：

（5）电梯技术资料、运行记录、维保记录、安全检查记录等文件资料的档案管理；

（6）若有可能进行大楼智能集中监控管理。

2.电梯驾驶员的基本要求

（1）身体健康，并经劳动安全部门专业培训并取得上岗证者方可上岗操作驾驶。其他人员一律严禁操作电梯（无司机控制电梯除外）。这里特别要强调的是严禁患有心脏病、高血压、精神分裂症、耳聋眼花、四肢残疾或低能者充当电梯驾驶员（或管理人员），因为电梯是一个运输设备，频繁地上下起动、停止，人员经常处在加（减）速度及颠簸状态，时间久了就会使上述患者身体疲劳或精神高度紧张，很有可能在电梯运行中产生误操作或电梯发生故障时，没有能力处理造成不必要的事故，而患者本人还会加重病情。所以电梯驾驶员的身体健康是第一位的。

（2）电梯驾驶员需经专业知识培训后上岗。具有一定的机械和电工基础知识，了解电梯的主要结构、主要零部件的形状及其安装位置和主要作用。了解电梯的启动、加速、制动减速、平层停车等运行原理和电梯的基本保养知识和操作，对简单故障有应急处理的措施和排除能力。

（3）电梯驾驶员应非常清楚和熟悉电梯操作箱上的各按钮的功能，熟悉大楼的主要功能，熟悉电梯的主要技术参数（电梯速度、载重量、轿厢尺寸、开门宽度及高度等）。

（4）电梯驾驶员应掌握本电梯的安全保护装置和安装位置及其作用。并能对电梯运行中突然出现的停车、溜层，冲顶、蹾底等故障临危不惧，能采取正确措施。

（5）服务态度良好，礼貌待人，能熟练地操作电梯。

（6）做好每天运行记录，同时观察电梯运行情况，若有故障疑义及时向有关部门反映，能配合维修人员排除电梯故障。

3. 管理人员的基本要求

（1）管理人员具有大专以上的文化程度（机电专业），并经劳动安全部门专业培训并取得上岗证方可担任。

（2）熟悉电梯技术，熟悉电梯运行工艺、熟悉智能网络管理技术及其档案管理。

（3）能编制电梯目标管理条例，协助有关领导落实电梯安全运行的实施。

（4）能编制电梯周、月，季、年保养计划，并落实和实施，及时反馈信息，确保电梯正常运行。

（六）电梯操纵的前检查

电梯司机在每天上班启用电梯之前，应对电梯进行班前检查内容主要是外观检查和试运行检查。操作前的准备工作：

1. 外观检查的内容

（1）进入机房检查其曳引机电动机、限速器、极限开关、控制屏、选层器（如果有的话）等外观是否正常，控制屏及各开关熔断器是否良好，三相电源电压、直流整流电压是否正常，机械结构有无明显松动现象和漏油状况，电气设备接线有否脱落，电线接头有否松动，接地是否良好，等等。

（2）在底层开启电梯层门和轿门进入电梯轿厢之前，首先要看清电梯轿厢是否确实在本层站后方可进入轿厢，切勿盲目闯入造成踏空坠落事故。

（3）司机进入电梯轿厢后，检查轿厢内是否清洁，层门及轿门的坎槽内有无杂物、垃圾。轿内照明灯、电风扇装饰吊顶、操纵箱等器件是否完好，其上所有开关是否处于正常位置上。

（4）接通电源开关后，各信号指示灯、指令按钮记忆灯、召唤蜂鸣器等工作是否正常。

2. 试运行检查

（1）先作连续单层运行，上下两端站先不到达。待每层均能正常运行减速和停车后，再作上下端站间的直驶运行。在此期间应检查操纵箱上各指令按钮开关按钮及其他各个开关动作是否可靠，信号指示是否正常可靠。

（2）在试运行中静听导轨润滑情况，有无撞击声或其他异常声响，是否闻到异常气味等。

（3）检查各层广门门锁的机械电气联锁是否可靠有效，开关门是否有撞击声或关门不能一次完成，说明安全触板或光电保护装置不良。

（4）试运行中还需检查各个层楼的平层准确度。尤其轿厢空载上行端站或下行端站停层是否正确，是否在规定误差范围之内，停车时是否有剧烈跳动或毫无知觉需停层误差很大，这说明必须检查曳引机上制动器工作是否正常可靠。

（七）有司机状态的使用和操纵

1. 电梯开始使用与停止使用的操纵

（1）投入使用时，在电梯投入正常使用前，必须做好动力电源和照明电源的供电工作。然后由经过劳动安全部门专业培训的电梯驾驶员或管理人员，在基站（或最底层）用专用钥匙插入装于基站厅门旁侧的召唤按钮箱上的钥匙开关中，使钥匙开关接通电梯的控制回路和开门继电器回路使得电梯门开启（因在一般情况下，电梯不使用时电梯的轿厢和厅门均是关闭的）。

对于一般载货电梯或按钮信号控制的医用梯、住宅电梯等，只有当电梯返回基站（或最低层后）方可使用钥匙开关起作用；而当电梯不在基站时钥匙开关就不能起作用，以保证电梯正常而又安全可靠地使用。

注意：上述几种电梯的投入运行钥匙，必须由专人保管不得随意交给他人保管和使用。

（2）当在一天工作结束时，应使电梯撤出正常运行。电梯门关闭，这样电梯就不可能再运行，直至重新使用时把钥匙开关接通后方可再使用电梯。

2. 有司机状态下的运行操纵

不论何种电梯，在电梯有司机使用时，首先要了解一下电梯轿厢内操纵箱面板上各元件的作用。

（1）电梯的选层和定向。当乘客进入电梯轿厢后，即可向司机提出欲去的层楼数，司机揿按操纵箱上与乘客欲去层楼数相对应的该层指令按钮。

（2）关门起动。司机即可摁按操纵箱上的起动开车按钮，使电梯自动关门，待电梯的门（内，外门）完全关好后，电梯即自动起动和运行。

（3）减速、停车和开门。电梯的减速停车和到达门区自动开门，这一全过程均是自动进行，可以不用司机操作。

3. 有司机运行过程中的注意事项及紧急状况的处理

（1）如发现电梯在行驶中速度有明显升高或降低的感觉时，且停层不准，或"溜层"等状况时。应立即停止使用电梯，报告管理部门，通知检修人员检修。

（2）电梯的行驶方向与预定选层运行的方向不一致时，例如电梯轻载从最高层往下行驶，结果电梯反向往上行驶，应立即停止使用，通知电梯管理部进行检修。

（3）当电梯在行驶过程中司机如发觉有异常的噪声、振动、碰撞声时，应停止使用电梯并通知管理部门进行检修。

（4）在电梯使用过程中如发现轿厢内有油污滴下。也应停止使用电梯（机房内曳引机有可能大量漏油），并应通知有关部门检修。

（5）当电梯在正常负荷情况下，在两端站停层不准，超越端站工作位置时，电梯也应停止使用通知有关部门检修。

（6）在正常条件下，如发现电梯突然停顿一下又继续运行或停顿后运行有严重碰擦声时说明电梯轿厢有倾斜，使门锁或安全钳误动作，此时也应该停止使用电梯，通知有关部门检修。

（7）当司机或乘客触摸到电梯轿厢的任何金属部分时有麻电现象。电梯应立即停用，通知有关部门检修。

（8）在电梯运行过程中，如在轿厢内闻到焦臭味时．应立即停用电梯，通知有关部门检修。

（9）当电梯每天工作完毕（下班）而不再使用时，司机应将电梯轿厢驶回底层（或基站），司机应将轿厢操纵箱上的安全开关召唤信号，层楼指示灯的开关（假如有的话）均断开，使所有信号灯熄灭。

（10）司机在离开轿厢前先检查轿厢是否有异物，然后切断轿内照明开关、风扇开关。然后通过钥匙将在底层厅门侧召唤箱上的钥匙开关转动使电梯关门，待门关好后会自动切断电梯控制电源。

（八）电梯无司机状态下的使用操纵方法

所谓无司机操纵电梯，就是该电梯的操纵运行均是在无专职电梯司机操作，而由乘客或大楼内部人员操纵使用的电梯。该类电梯自动化程序很高安全保护系统也很完善和有效。

1. 无司机操纵使用前的准备工作

对于有无司机两用的集选控制电梯在把电梯转入"无司机使用状态时（例如大楼内客流不大，或深夜，或是该电梯完全是大楼内部人员使用等状况时），电梯管理人员（或电梯司机）应检查下列内容,并确信一切良好后方可将电梯转入无司机使用状态。

（1）电梯轿厢内的"乘客使用须知"说明牌是否完好无损清晰可辨。

（2）电梯的超载保护系统是否良好和有效，这一点是十分重要的。如若超载保护装置失效。则电梯绝不允许转入无同机运行状态。

（3）电梯门的安全保护系统是否良好和有效。例如电梯轿厢门的安全触板动作是否灵敏可靠，光电保护装置（或电子近门保护）是否良好和有效，即在电梯关门时有物体挡住光电装置或接近轿门边沿时，是否能使门停止关闭而立即开启。

（4）在电梯停运状态下，操纵箱上的开关按钮是否有效，尤其在关门过程中摁按开门按钮是否能重新开门。

（5）电梯内的报警及对外通信联络信号系统（对讲机或电话机）是否有效可靠，这一点也是至关重要的。若是设置电话机的应在其上明显标出紧急呼救的电话号码。

2. 乘客操纵和使用电梯的方法及注意事项

对于集选控制的有／无司机两用电梯处于无专职司机操纵状态时，电梯的运行及停止将由乘客和其本身所具有的自动控制功能所决定，但主要还是听从乘客的，乘客应按该电梯所具有的基本功能和运行工艺过程进行使用和操纵，具体方法如下。

（1）对于初次乘用这种电梯的乘客，在乘用前应向服务人员或其他熟悉使用情况的乘客了解使用方法，也可仔细阅看底层大厅电梯门口侧目而视或电梯轿厢内的乘客使用须知说明牌，以便正确乘用电梯。

（2）在某层楼的乘客，须乘用电梯应撤按乘客欲去方向的电梯层门旁侧召唤按钮箱上的召唤按钮，不能同时摁按向上向下两个按钮，这样会影响你到达欲去层楼的时间。

（3）在某层等候电梯到来的乘客，应注意电梯厅门上方的层楼指示灯或站钟（或铃）响。当电梯到达后应先让到达该层的乘客出来，然后再进入轿厢。

（4）某层乘客看到停在该层的电梯正在关门尚未启动运行前而急需乘用电梯，可不必向电梯门口冲去，而只要摁按住该层的与电梯运行方向一致的某一方向召唤按钮即可使用电梯停止关门而重新开门。

（5）进入电梯轿厢内的乘客应及时摁按轿内操纵箱上欲去层楼的指令按钮，该按钮内的记忆灯即被点亮，说明指令已登记好并记忆住了。尤其在轿厢无其他乘客时更应及时撤按欲去层楼的指令按钮，否则会被电梯门关闭后所允许的其他层楼的厅外乘客的召唤信号而发车运行，可这一运行方向可能与早先进入轿厢乘客欲去的运行方向相反，这样就会大大降低电梯使用效率和延误先要电梯乘客的时间。

（6）当电梯停在某层，装运乘客的过程中，如轿厢操纵箱上的"OVERLOAD"（超载信号）红色信号灯闪烁和发出蜂鸣时，说明电梯已超载后进入轿厢的乘客应主动依次退出，直至灯不闪，铃不响为止。

（7）乘客在电梯运行过程中，绝不允许在电梯轿和内嬉闹和打斗，不然将会引起电梯不必要的故障及其他人身安全事故。

3. 乘客在无司机操纵下使用过程中紧急状态的处理

在集选控制电梯的无司机使用过程中，难免也会出现一些紧急故障情况，此时乘客应按下列办法进行应急处理。

（1）由于电梯的超载装置失灵，那么在乘客大量涌入轿厢内时，很可能会使电梯大大过载，以致在电梯门未关闭未发出开车指令时电梯就自行向下运行，而且速度愈来愈快。正确的做法是：

①摁按操纵箱上的警铃按钮报警，如有对讲机或电话机时，可以直接与电梯机房或电梯值班室或主管部门联系，告知电梯故障情况。

②轿厢内的所有乘客尽可能远离轿厢门，当电梯继续下行，且速度也明显加快，乘客应做好屈膝准备，这样在电梯蹾底时不致造成过大的伤害。

（2）由于门电锁接触不好等原因而在电梯有方向，且关闭好内外门后，电梯仍不能运行时，乘客千万不能用手强行扒门，可以采取下列措施：

①对一般集选控制，信号控制电梯只要摁按操纵箱上的开门按钮，即可使用电梯重新开门，乘客可以换乘另一台电梯。

②在用开门按钮开门后，一部分乘客已离开电梯，剩下的乘客可以摁按关门按钮，令电梯再次关门，可能门电锁接通了，电梯即可自动运行。如若电梯再次关门后还不能运行，则可再次关门，并用手帮助关门，这样电梯就可能运行。如若再不行时，则应开门放客，并通知警铃按钮或对讲机或电话机告知电梯故障状况，并等候电梯急修人员修理。

如若电梯在减速制动后到达层站不开门时，或平层准确误差在100mm以上时，或继续慢速"爬行"时，乘客也可不必惊慌，这可能是由于开门感应器（SQ84）未动作。若平层误差很大，乘客仍能离开电梯轿厢，但应依次离开不能争先恐后。若是不开门继续慢速"爬行"，则也不必用手强行扒门，让电梯到达两端站后，借上下方向限位开关之助，使电梯停止运行并可开门。在这种情况下，乘客也应通过警铃按钮，或对讲机或电话机告知电梯值班人员，通知电梯急修人员修梯。

（九）电梯在检修状态下的操纵运行

对于每一台电梯，为排除故障或作定期维修保养，电梯应具有的检修运行功能是必不可少的。

对于一般信号控制、集选控制的电话，其检修状态的运行操纵可以在轿厢内操纵，也可在轿顶操作。在轿顶操纵时，轿内的检修操纵不起作用，以确保在轿顶操纵人员人身安全和设备安全。但根据国家标准局颁布的规定，电梯的检修操纵运行只能在轿厢顶部或电梯机房内操纵但机房的检修操纵必须服从于轿顶上的检修操纵运行。

参与检修操纵的人员必须经过电梯专业培训并获得当地劳动安全部颁发的上岗操纵证。

1. 检修运行的操纵方法及注意事项

当电梯发生故障停运时或需作定期维修保养时，雷令电梯处于检修运行状态，然后进行检修运行操纵，其方法如下。

（1）轿内操纵。有司机操纵的电梯（包括按钮信号控制电梯和集选控制电梯）可以在轿厢内操纵检修运行。这时只要用专用钥匙将轿内操纵箱上的"检修—自动—司机"转换钥匙开关，由"司机"位置转换至检修位置，电梯即可进入慢速检修运行状态。雷电梯慢速向上或向下运行时，司机只要持续撤压轿内操纵箱上的方向开车按钮，即可令电梯慢速向上（或向下），当手离开按钮时，电梯即止运行。

（2）在轿顶操纵时，首先要用专用的开启层门的三角钥匙，将电梯所在停层的上方一层层门打开，检修人员进行轿厢顶，立即摁下轿顶检修操纵箱上红色停车按钮（或开关），使电梯绝对不能开动。其次再将正常—检修运行的有防护圈的转换开关拨向检修位置，拨出红色停车按钮（或开关），并把轿内—轿顶检修操纵开关（若有的话）拨向轿顶操纵位置，然后持续撤压有运行方向标记的方向按钮（向上或向下），即可使电梯慢速上行或下行。当手离开按钮后，电梯即可停止于井道内的任何位置，以方便于检修人员进行维修工作。

（3）当需要检修电梯的自动门机或层门、轿门时，也首先要使电梯处于检修状态，然后在轿厢内持续撤压操纵箱上的开门按钮或关门按钮，即可令电梯门开启或关闭。待手离开开关门按钮后，电梯门立即停止运行，并保持于所需的检修位置。

按新的国家标准（GB7588—95）要求。检修时的开关门操纵也只能在轿顶进行，在这种情况下只有切断自动门机附近的门机专用开关进行电梯门的控制，使其停止于开门宽度内的任何位置。

2. 检修操纵运行的注意事项

（1）进行电梯检修操纵运行，必须要有两名以上人员参加，绝不允许单独一人操纵。

（2）电梯检修运行速度绝不允许大于 0.63m/s。

（3）电梯的检修运行仍应在各项安全保护（电气的、机械的）起作用的情况下进行。值得提出的是电梯的内门（轿门）、外门（层门）全部关闭的情况下才可进行检修慢速运行。绝不允许在机房控制屏端子上短接门锁接点情况下（即开着电梯门）运行。只有在十分必要时，在有专人监护下方可开着门（即短接门锁接点）运行一段很短的距离，一撬电梯停止运行，立即拆除门锁短接线。不然会造成难以想象的恶果。

4. 电梯在消防状态下的使用操纵方法

对于一幢高层建筑大楼，按照国家规范的规定，大楼内至少应有一台或若干台可以供大楼火警时消防人员专用的电梯。消防人员专用的消防电梯使用操纵方法：

当大楼发生火警时，底层大厅的值班人员或电梯管理人员通过值班室的消防控制开关或将装于底层电梯层门旁侧的消防控制开关盒上的窗打碎，把消防开关拨打，则不论电梯处于何种运动状态，均会立即自动返回底层开门放客。根据最新的消防规范规定：一幢大楼内虽仅有一台或若干台电梯可供消防人员使用的消防紧急运行，但只要消防电梯的消防开关投入工作后，除了消防梯自动返回底层外，其他不供消防员使用的电梯也应立即自动返回底层开门放客，停住不动。当消防人员专用电梯返回底层后，消防人员应用专用钥匙将装置于底层召唤按钮箱上或电梯轿厢操纵箱上标有消防紧急运行字样的钥匙开关接通，此时电梯即可由消防人员操纵使用。

三、运行管理要求

（一）运行管理目标

规范电梯运行管理工作，确保电梯良好运行。设备"安全、科学、可靠"的运行，"安全"排在第一位，"安全"在电梯行业中更是重中之重，任何方面的一点点疏忽都有可能会引起严重后果。

（二）规章制度

1. 乘梯须知

（1）注意轿厢内是否具有《电梯安全检验合格》标志，未经检验合格或超过检验有效期的电梯不得使用。

（2）乘梯时应相互礼让，不得在轿箱内打闹、蹦跳或进行其他危害电梯安全运行的行为。

（3）应正确使用轿厢内外各按键，请勿乱按，服从电梯司乘人员指挥。

（4）电梯门在打开状态时请勿使用外力及物品强行阻止电梯门关闭，电梯运行中不得用手或其他物件强扒电梯门，以免发生停梯事故。

（5）请勿在轿箱内吸烟、吐痰或从事其他不文明行为，不准携带易燃易爆及腐蚀性物品乘坐电梯。

（6）学龄前儿童及其他无民事行为能力人员搭乘无人值守的电梯的，应有成年人陪同。

（7）电梯运行中如发生任何意外，应利用轿厢内警铃和通讯装置与电梯维修、管理人员联系，等待救援，切勿扒门脱离以免发生危险。

（8）如是载客电梯，严禁载货。

2. 电梯安全运行巡视规程

（1）电梯行驶前的检查与准备工作：

①开启层门进入轿厢之前，要注意轿厢是否停在该层。

②开启轿内照明。

③每日开始工作前，将电梯上下行驶数次，无异常现象后方可使用。

④层门关闭后，从层门外不能用手拨启，当层门轿门未完全关闭时，电梯不能正常启动。

⑤平层准确度应无显著变化（在规定范围内）。

⑥经常清洁轿厢内、轿门地槽及乘客可见部分。

（2）电梯行驶中应注意事项：

①轿厢内的载重量应不超过额定重量。

②乘客电梯不许经常作为载货电梯使用。

③不允许装运易燃、易爆的危险物品，如遇特殊情况，需管理处同意、批准并严加安全保护措施后装运。

④严禁在层门开启情况下，先按检修按钮来开动电梯作一般行驶，不允许掀按检修、急停按钮来消除正常行驶中的选层信号。

⑤不允许利用轿顶安全窗、轿厢安全门的开启，来装运长物件。

⑥电梯在行驶中，应劝阻乘客勿靠在轿厢门上。

⑦轿厢顶上，除电梯固有设备上，不得放置他物。

（3）当电梯使用发生如下故障时，应立即通知维修人员，停用检修：

①层轿门完全关闭后，电梯未能正常行驶时。

②运行速度显著变化时。

③层、轿门关闭前，电梯自行行驶时。

④行驶方向与选定方向相反时。

⑤内选、平层、快速、召唤和指层信号失灵失控时。

⑥发觉有异常噪音，较大振动和冲击时。

⑦当轿厢在额定载重量下，如有超越端站位置而继续运行时。

⑧安全钳误动作时。

⑨接触到电梯的任何金属部位有麻电现象时。

⑩发觉电气部件因过热而发生焦热的臭味时。

（4）电梯使用完毕停用时，管理人员应将轿厢停在基站，将操纵盘上开关全部断开，并将层门关闭。

（5）电梯长期停用，应将电梯机房总电源关掉。

3. 电梯安全管理制度

（1）电梯工必须持证上岗，无证人员禁止操作。

（2）机电部之电梯工每天对各电梯全面巡视一次，发现问题及时有关人员处理。

（3）机电部经理在周检时组织人员对电梯进行一次全面检查，发现的安全隐患，立即组织整改。

（4）机电部经理组织人员按程序文件规定对电梯分包方进行评审，评审合格后方能承担电梯维修保养工作。

（5）机电部电梯工和机电工程师负责对电梯保养和维修工作质量进行检验。

（6）在消防中心设立报警点，保证电梯发生故障时能接到警报。

（7）在电梯机房和值班室悬挂《电梯困人救援规程》，电梯发生困人故障时，严格按规程执行。

（8）经劳动局检测不合格未取得《准用证》的电梯严禁投入使用。

4. 值班管理

（1）值班人员须按时上下班，不得迟到、早退、擅自离岗，请假须提前并经主管同意。

（2）值班人员必须按照各类设施《安全操作规程》《维修与保养操作规程》及《设施维护保养计划》操作，如出现设备紧急故障，按《设备紧急故障处理操作规程》执行。

（3）按时巡视设备运行状况，准确填写各类设备运行记录，认真做好值班记录。

（4）值班时不准看与工作无关的书籍，不准吸烟，不准睡觉，不准会客，不准擅自带人参观。

（5）值班人员需临时离岗时，须向值班班长说明情况，同意后方可，但必须准时回岗，不得延误。

（6）下班前必须将值班室清扫一次。

97）接班人员要提前到达岗位查看上一班记录听取上一班的运行情况介绍；清点公用工具、钥匙，并在《值班日志》上签名；

（8）与上一班人员共同巡检一遍设备运行状况后分别在交接班记录表上签字交接。

（9）出现以下情况不能交接。

A. 上一班运行情况未交代清楚。

B. 设备故障影响运行。

5. 电梯机房管理规定

（1）非工作人员不得进入机房。

（2）机房内设备非电梯公司专业人员或值班电工禁止操作。

（3）保持良好通讯照明，风口有防雨措施机房内悬挂温度计，机房温度不超过40℃。

（4）保持机房干净整洁，每周对机房进行一次全面清洁，保证机房和设备表面无明显灰尘。

（5）保证机房照明良好，并配备应急灯，灭火器和盘车工具挂在显眼处。

（6）机房门窗应完好并上锁并在门口贴告示标志牌，未经部门领导同意，禁止外人进入，注意采取措施，防止老鼠等小动物进入。

（7）不得在机房内吸烟、生火。

（8）按规定对机房设施和设备进行维修和保养。

6. 使用电梯撬门匙的安全注意事项

使用电梯撬门匙时，即使电梯并不停在该楼层也能打开电梯层门，故极其危险，务请特别注意，为了保障电梯撬门匙使用者及公众人士的安全，谨防夹伤及坠落井道，务必严格控制好电梯撬门匙的保管及使用，确保只有获授权使用电梯撬门门匙的人员才可使用电梯撬门匙。以下是有关使用电梯撬么匙的注意事项：

（1）电梯撬门匙必须放置在一个安全的地方，以便只有经授权的人士方可取得。

（2）只有经过授权的专业人员方可使用电梯撬门匙。未经授权的人士禁止使用。

（3）工作人员领取电梯撬门匙使用之前，必须做好领用记录。

（4）当工作人员使用电梯撬门匙打开电梯层门之前，必须事先双脚站稳并确认同伴及其他人士均处于安全的位置后，再打开层门确认电梯轿厢的位置，开门的具体做法是：先打开的层门宽度应在10cm以内，向内观察，确认轿厢所在位置，谨防坠入井底。

（5）在进出电梯井道时必须始终严格遵循安全程序控制好电梯。

A. 电梯层门打开后必须装上防护栏及有专人看管，否则层门必须始终处于关闭状态并用门锁锁紧。

B. 在每一次工作完成之后，必须重新检查一遍，确保所有电梯层门均已关闭并已用门锁锁紧。

（6）使用电梯撬门匙之后，务必将其放回原位保管妥当，并填写好使用记录。

以上内容是使用电梯撬门匙的基本安全注意事项，在使用电梯撬门匙时必须遵守。由于现场环境可能出现特殊情况，因此，如有疑问之处，务必马上与专业保养公司联系取得联系。

（三）应急突发事件处理预案

1. 电梯困人务必由经培训授权的专业人员予以处理（持证上岗）

紧急情况下释放被困于电梯内乘客的条例和步骤：

（1）在拯救行动前：

1）经过电梯专业培训的人员应首先确定有乘客困在电梯内。

2）确认电梯停放位置，并安慰被困乘客告知拯救工作正在进行，请其保持镇静，切不可擅自打开轿门并尽量离开轿厢门及静心等待救援。

（2）拯救步骤：

1）告诉乘客您正在把轿厢移动到可以开门并将安全释放他们出来的楼层位置，指导乘客站在离开电梯门的位置。

2）确认电梯轿厢所在的楼层位置，并确认电梯轿门层门均已关闭。

3）准备齐全释放电梯抱闸所需的工具。

4）在电梯机房切断电梯主电源，在确认电梯电源被完全切断的情况下，将电源开关上锁并挂牌，以防未经允许的人员打开电梯电源而对正在工作的人员及正在撤离轿厢的乘客产生危险。

5）检查电梯轿厢是否超过最近的楼层平层位置 300 毫米，当超过时，通知被困的乘客电梯会被正常地绞起或绞落，无需惊慌。

6）参照现场松抱闸示意图，将抱闸释放装置正确地放置在制动磁蕊上。

7）利用抱闸释放装置上的手柄小心地对抱闸施加均匀的压力，以使刹车片松开。在使用抱闸释放装置时，必须由一人负责控制抱闸释放装置，另一人负责控制转动盘，使抱闸始终保持受到控制，确保抱闸在需要时便能及时安全、牢固地刹停轿厢。

8）再次提醒乘客拯救工作正在进行，然后均匀地操作抱闸释放装置及控制转动盘移动轿厢几次，一次只可移动轿厢约 30 毫米，切不可过急或幅度过大。通过以上操作，可以确定轿厢是否获得安全移动及抱闸刹车的性能。

9）当确信已经获得安全移动之后，便可逐步增加移动量。使用手动释放抱闸装置使轿厢滑移，次约 300 毫米，直到轿厢去到最近的楼层为止。

注意：①轿厢移动的方向是依赖于轿厢及对重的重量。

②通过监视钢丝绳上的楼层标记可以识别轿厢是何时处于平层位置。如果钢丝绳上没有标记，必须安排另外一人负责监视。

用指定的撬门匙开启层门，层门先打开的宽度应在 10cm 以内，向内观察，证实轿厢在该楼层，检查轿厢地槛与楼层地面间的上下差距。确认上下间距不超过 300 毫米时才可打开轿厢释放被困的乘客。

注意：为了乘客撤离时的安全，在准备打开轿厢门释放乘客之前，必须安排两位工作人员负责协助乘客撤离轿厢。

当所有乘客撤离电梯后，必须要重新把轿厢门、层门关上并确认已扣上了闸锁。每次使用完电梯撬门匙后，必须将撬门匙放回原位妥善保管，填写好使用记录。并将情况向专业维保单位通报。

2. 水浸事故

（1）发现或接报发生水浸事故将会危及电梯运行时应立刻通知监控中心，当值保安员通过轿厢对讲机

通知客人从最近的楼层离开受影响的电梯。

（2）维保人员将受影响的电梯轿厢升至最高处，并关闭该电梯。

（3）调集沙包拦住水浸楼层的电梯口，以防水浸入电梯井。

（4）即刻将情况报告工程主管和电梯维保单位。

（5）电梯维保单位接报告后应于20分钟内到达现场维修。

3. 巡查中发现电梯异常

（1）值班人员巡查中发现电梯运行异常，如钢缆有毛刺、断股，控制柜有异声、异味，轿厢升降异常等将危及电梯安全运行的现象发生，应立刻通知监控中心。

（2）监控中心当值人员通过轿厢对讲机通知客人，从最近的楼层离开故障电梯。

（3）工程人员将故障电梯关闭。

（4）即刻将情况报告工程主管和电梯维保单位。

（5）电梯维保单位接报后应于20分钟到达现场维修。

4. 电梯突发应急事故处理标准

（1）当火灾发生时。

1）维修电梯工打开迫降开关，将消防电梯全部降至首站。

2）消防电梯自动进入消防运行状态，迅速关闭不具备消防功能的电梯。

3）关闭各层厅门，防止火向其他楼层延烧。

（2）当发生地震时。

1）轻微的地震对电梯破坏不大；震级较强时，可能会使轿厢或对重的导靴脱离导轨。有一部分导线可能切断，某些元件可能会误动作。

2）司机尽快在安全楼层停车，把乘客引导到安全地方。

3）运行时发生地震，应驶向最近的一层楼面，尽快撤离轿厢，并关闭电源、轿门、厅门。地震后对电梯进行详细检查，修复脱轨、移位、断线等故障后，方可使用。

4）当电梯发生严重撞顶和蹾底时，须经有关部门严格检查、修复、鉴定后方可使用。

5）如果电梯因某种原因失去控制或发生超速而无法掌握时，司机和乘客应保持

镇静，切勿企图跳出轿厢。

6）当乘客都脱离危险后，应立即切断总电源开关。

（3）当电梯进水时。

1）底坑进水。应将电梯停于两层以上，中止运行并切断电源。

2）当楼层水淹而使井边或底坑进水，应将电梯停于进水楼层以上，并及时关闭电梯及总电源。

3）电梯湿水后，由电梯公司做湿水处理，并提交相应报告。

四、智能运行与环保节能

电梯现在越来越多，在对写字楼、住宅、公寓等的用电情况调查统计中，电梯用电量占总用电量的27%，仅次于空调用电量，而远高于照明、供水等的用电量。我们认为这是一个很不应该的现象。从理论上分析，如果电梯的电气传动系统做好了，电梯的用电量应该是非常小的，比照明、供水等用电量都要小。因此，可以说目前电梯的节能节电潜力是非常大的。为什么呢？因为电梯将人送上去了，可人还是要乘电梯下来，电梯将人加速了，快到时还是要减速的。因此从功和能的角度分析，始终是一个有出有进的状态。电梯将有重量送上一个高度（h），电梯作功变成了重力的势能 $A=mgh$，而下降时这个势能将释放，电梯作功将人加速到某一速度就储存了动能 $1/2mv^2$，快到时这个动能将要释放出来，这是电梯功能传递的主要形式。对于升降电梯时钢丝绳与轴的摩擦，或者链条与齿轮的摩擦，电梯里的照明、通风、停止时的机械拖闸等消耗的电能都是很小的。因此如果能将电梯对重物作功储存的势能、动能，在它们释放时能利用起来或送回电网，那么电梯用电就会变得非常小。要实现这些能量的转换，现在已经有了许多成熟的技术，只是没有认真做好这一工作。

现在电梯的电气传动系统大多采用变频调速系统，与过去老式的双速电机传动相比，起制动加减速都要平稳舒适得多，平层也准确；与直流发电机—电动机组系统相比也具有可靠性高、容易维护、噪音小、体积重量小的优势，因而新的电梯几乎都是用变频调速系统。看看这些变频调速系统，都无一例外地配备有"制动单元"和"制动电阻"，我们的变频器生产厂家无一例外都是这种结构形式，没有四象限运行功能。电梯在下降时势能释放，减速时动能释放，电动机都处于发电制动状态，发出来的电都通过制动单元送到制动电阻上转化为热能，白白消耗掉了，使机房温度显著提高，尤其夏季会影响到电梯的安全运行。这个制动电阻的平均功率相当大，往往占到电动机额定功率的一半左右，可见效率之低，费电也就可想而知了。应该说这样的变频调速系统与老式的双速电机，或直流发动机—电动机系统相比，从节能节电这个角度来衡量是一种倒退，尽管后者能量转换效率不高，但还是能转换一部分的。不带制动电阻，能实现四象限运行，能顺畅将势能。动能转化为电能送回电网的电梯变频调速系统也是有的，只是太少了，现在还只在进口的超高速（300米/分以上）电梯上采用，像地王大厦，1至40层中间不停地电梯，如用制动电阻将是不可想象的。

电梯要节电，核心是如何利用储存的势能与动能，将处于发电制动状态电机输出的电能利用起来。实现的办法很多，除了前述双速电机、直流发动机电动机系统以外，现在技术已经成熟的晶闸管可逆直流调速系统（无环流或可控有环流系统）及晶闸管电流型变频调速系统等，它们都可以顺畅地进行能量转换，实现四象限运行。

五、电梯事故

（一）电梯事故的种类

电梯事故的种类按发生事故的系统位置，可分为门系统事故、冲顶或撞底事故、其他事故。据统计，各类事故发生的起数占电梯事故总起数的概率分别为：门系统事故占80%左右，冲顶或撞底事故占15%左右，其他事故占5%左右。门系统事故占电梯事故的比重最大，发生也最为频繁。

（二）电梯事故的原因及防范措施

电梯使用者或维保人员的缺陷和电梯的安全隐患，两者是电梯发生事故的前提条件。条件具备其一，则电梯事故也可能发生，也可能不发生；但是两个条件都具备，则电梯事故一定发生。如果了解或掌握了这一原理，使其中的条件皆不具备，就能有效地预防电梯事故的发生。

部分维保单位或维修保养人员不是执行安全为主、预检预修、计划保养的原则，而是头痛医头、脚痛医脚，不是有计划地进行预防性维修，而是待出现故障停梯后，才进行抢修，既误时又误事、部分维保单位或维修保养人员，甚至是敷衍了事，置电梯安全于不顾。

管理者或维修保养人员应加强有关法规的学习，做到有法必依。有关部门也应加强执法力度，不断完善法规建设。

结 语

  物业设备设施是附属于房屋建筑的各类设备设施的总称，它是构成房屋建筑实体的不可分割的有机组成部分足发挥物业功能和实现物业价值的物质基础和必要条件。随着社会经济的发展和现代科技的进步，物业设备的种类日益增多，新型产品纷纷涌现不断向更完备，更先进的多样化、综合化系统发展。这不仅使人们对物业设备的功能需求不断提高，也对物业设备的管理提出更高的要求。

  物业设备管理为人们的工作、学习和生活环境提供了有力的保障作用。物业设备不仅是保障人们生产、生活、学习正常进行所必需的物质基础，也是影响社会发展和人们生活水平提高的重要因素，物业设备的运行和维护管理的好坏，直接影响到物业的使用水平。在整个设备设施管理类型中，人是最重要因素。所以在进行物业设备设施管理中，加大对员工的培训。加强对设备管理人员的培训，提高员工的综合素质。一流的设备依赖于一流的管理队伍，在智能化程度较高、硬件设施完善的物业管理中，高素质的设备管理人才的作用尤显突出。以人为本，合理开发和培训人才，精心培育一支技术精湛、作风优良的管理队伍是做好设备管理的精髓，设备设施管理需要安全运行。物业的各部位和各系统如结构、内外墙面、门窗玻璃、电梯、空调等都会因种种原因发生故障或不同程度的损坏. 而且各类问题的发生无同定性和规律性肉此物业设备设施管理币仅要保证技术性能的安全发挥. 还要及时发现隐患避免事故的发生。并尽可能延长设备的合理使用年限提高设备的使用效益。物业设备设施的维护维修工程非常分散。由于设备设备多样艘用频牢高. 需要不断进行日常维护和故障维修这类工程项目大小不一，时牢要求高. 用科品种、规格多，零星分散。物业设备设施管理具有较强的技术性。

  社会经济和科学技术不断进步，智能化建筑、通讯系统、安全监控系统和设备监控系统等高科技设备的应用，都进入了普通的物业管理范畴。在设备没施的维护管理中需要有各类相关技术知识的支持。综上所述，为人们提供优质的物业设备设施和维护管理物业义不容辞的责任。

参考文献

[1] 杨光瑶 . 物业管理实用工具大全 [M]. 北京：中国铁道出版社 ,2019.

[2] 周华斌 . 物业纠纷沟通应对实务与法律依据 [M]. 中国铁道出版社 ,2020.

[3] 王超剑，刘海明，辛功强，等 . 物业公司规范化管理全案 [M]. 北京：中国铁道出版社 ,2020.

[4] 徐爱民，温秀红 . 物业管理概论 [M]. 北京：北京理工大学出版社 ,2017.

[5] 刘慧，张新爱，刘金燕，等 . 物业管理基本制度与政策 [M]. 石家庄：河北人民出版社 ,2018.

[6] 靳玉良 . 物业管理与服务从入门到精通 [M]. 广州：广东经济出版社 ,2019.

[7] 李海波 . 物业管理概论与实务 [M]. 中国财富出版社 ,2015.

[8] 王金萍 . 物流设施与设备 [M]. 沈阳：东北财经大学出版社 ,2018.

[9] 郭宗逵，姚胜，高荣 . 物业管理 [M]. 南京：东南大学出版社 ,2015.

[10] 戴凤微，陈伟 . 物业设备维护与管理 [M]. 北京：北京理工大学出版社 ,2022.

[11] 龙正哲 . 物业管理实务 [M]. 北京理工大学出版社有限责任公司 ,2020.

[12] 余凡，佘阳梓 . 物业资产管理 [M]. 苏州：苏州大学出版社 ,2019.

[13] 赵海成，王军华 . 物业管理概论第 3 版 [M]. 北京理工大学出版社有限责任公司 ,2021.

[14] 苏宝炜，李薇薇 . 物业管理笔记从客服到总监 [M]. 北京:中国铁道出版社 ,2021.

[15] 张新爱，刘慧，安芸静 . 物业管理实务 [M]. 石家庄：河北人民出版社 ,2018.

[16] 谭景林 . 物业管理实务 [M]. 湘潭：湘潭大学出版社 ,2018.02.

[17]. 张合振 . 物业设备设施管理含实训 [M]. 北京：机械工业出版社 ,2015.

[18] 郭广宝 . 物业管理操作实务 [M]. 济南：山东科学技术出版社 ,2016.

[19] 岳娜，王忠强 . 物业设施设备 [M]. 北京：电子工业出版社 ,2021.

[20] 聂英选 . 物业设施设备管理 [M]. 武汉：武汉理工大学出版社 ,2018.

[21] 杨蕾颖 . 养老物业智能化与设备维护 [M]. 天津：天津科学技术出版社 ,2020.

[22] 丁云飞 . 物业设施设备工程 [M]. 北京：中国建筑工业出版社 ,2017.

[23] 福田物业项目组组织 . 物业基础管理与服务指南——物业工程设施设备管理全案 [M]. 北京：化学工业出版社 ,2020.

[24] 赵飞宇 . 教育部中等职业教育专业技能课立项教材物业设备维护与管理 [M].
北京：中国人民大学出版社 ,2018.

[25] 王珏，朱乔 . 物业设备维护与管理第 5 版 [M]. 东北财经大学出版社有限责任
公司 ,2021.

[26] 史华 . 物业设备维修与管理第 3 版 [M]. 大连：大连理工大学出版社 ,2021.

[27] 陈远栋，刘玮玮，李乃幸 . 物业安全与消防设施设备管理研究 [M]. 文化发展
出版社 ,2020.

[28] 神和进 . 物业常用设备 [M]. 济南：山东科学技术出版社 ,2016.

[29] 余源鹏 . 物业工程设施设备管理与维修实务 [M]. 北京：机械工业出版社 ,2015..